Cornelia Adam

tapas

Spaniens kleine Köstlichkeiten

Hölker Verlag

4 5 6
ISBN 3-88117-547-4

Redaktion: Monika Römer, Christiane Leesker
Gestaltung: Niels Bonnemeier
Foodfotos: Klaus Arras
Fotoassistenz: Metin Kuru
Foodstyling: Gregor Schaefer
Aufnahmen auf Agfachrome RSX 100 II
Sonstige Fotos: Christiane Leesker, Heidrun Schröder

Printed in Germany

inhalt

tapas & sherry

zwei unzertrennliche

Tapas kommen aus Andalusien wie der Flamenco, die Oliven und der „Vino de Jerez“ (Sherry). In Spanien gibt es kein Essen ohne „Aperitifo“. Jeder, der schon mal dort war, kennt diese Art, sich auf das Essen einzustimmen. Man lässt den Arbeitstag mit Freunden und Kollegen in einer Bar bei einem „Fino“ (trockenem Sherry) und bei Tapas ausklingen. Ein Sprichwort besagt: „En Sevilla no se come, se tapea“, übersetzt heißt das: „In Sevilla isst man nicht, man geht Tapas essen.“ Und dies nicht nur dort, sondern auch in den übrigen Regionen Spaniens.

Ursprünglich verstand man unter einer „Tapa“ – zu Deutsch „Deckel“ – ein Stück Weißbrot, das man auf sein Sherryglas legte, um den Inhalt vor Insekten zu schützen. Heute sind Tapas ein abend- und magenfüllendes Vergnügen. Denn in speziellen Tapa-Bars werden die leckeren Häppchen in einer solchen Vielfalt angeboten, dass man kaum aufhören kann, immer neue zu probieren. Wenn man dort seinen Fino bestellt, bekommt man meistens die „Basis-Tapas“, Oliven, Salzmandeln und Piocos, kleine Brotstangen, dazu gereicht.

Sie bilden allerdings nur den Anfang: Weiter geht es mit Serrano-Schinken, Manchego-Käse und in der Theke aufgereihten Schüsseln, aus denen man nach Lust und Laune auswählen kann. Warme Tapas werden in den Bars oft handgeschrieben auf einer Tafel aufgeführt und dann frisch zubereitet. Man bekommt alles auch als Miniportion, die im kleinen Schälchen serviert wird. So kann man Verschiedenes probieren. Doch selbst zu den kleinen Portionen werden immer so viele Gäbelchen gelegt, wie Personen am Tisch sitzen.

Inzwischen sind die spanischen Häppchen auch bei uns regelrecht im Trend: Tapa-Bars schießen wie Pilze aus dem Boden. Oft ist es schwierig, dort einen Platz zu ergattern, denn sie sind, wie in Spanien, zum beliebten Treffpunkt geworden. Man trifft sich dort mit Freunden und genießt gemeinsam.

Damit Sie Ihre Gäste auch zu Hause mit Tapas bewirten können, habe ich für Sie beliebte klassische und neue Rezepte zusammengetragen. Weil sich Tapas gut vorbereiten lassen und man die Menge selbst bestimmen kann, werden Sie dabei bestimmt keinen Stress haben. Viel Vergnügen dabei wünscht

Cornelia Adam

Ein paar praktische Tipps

Tapas können Sie beliebig kombinieren. Es sollten allerdings mindestens drei verschiedene zur Auswahl stehen, am besten je eine Tapa mit Fleisch, Fisch und Gemüse. Dazu gibt es immer reichlich Weißbrot. Tapas sind die typischen Begleiter zu dem trockenen Fino, der gut gekühlt getrunken wird. In Nordspanien werden Tapas auch zu Rotwein gereicht.

Mein Tipp: Lassen Sie doch mal eine Tapa-Party steigen. Sie können die Tapas auf Platten und in Schalen als Buffet aufbauen und warme Tapas auf Rechauds stellen. Sorgen Sie für reichlich gut gekühlten Fino, Rotwein, aber auch für genügend Nachschub an Mineralwasser. Dazu Flamenco-Musik, und die Fiesta wird ganz sicher ein Riesenerfolg!

Die Rezepte des Buches sind, wenn nicht anders angegeben, für 4 Portionen berechnet.

Sherry Der „Jerez“, das Lieblingsgetränk der Andalusier, ist weltbekannt, doch nirgends schmeckt er so gut wie in seiner Heimat. Der berühmte Likörwein verdankt seinen Namen der andalusischen Stadt Jerez de la Frontera, denn innerhalb dieser Gemeinde nahe der Atlantikküste wird er in exakt festgelegten Zonen angebaut. „Sherry“ ist die anglisierte Form von „Jerez“ und hat sich längst offiziell als Bezeichnung für diese geschützte Weinqualität (Herkunftsbezeichnung „Jerez-Xérèz-Sherry“ und Manzanilla-Sanlúcar de Barrameda) durchgesetzt.
Die Bodenbeschaffenheit – die besten Lagen des Anbaugebietes haben einen weißen Kreideboden –, das besondere Klima, spezielle Traubensorten, vor allem aber ein ausgeklügelter Reifungsprozess machen diesen Wein einmalig: Ein großer Teil der Rebflächen ist mit „Palomino-Reben“ bestückt. Auf die Rebsorten „Pedro Ximénez“ und „Moscatel“ entfällt nur ein geringer Prozentsatz. Nach der Gärung wird der Sherry in Fässern aus amerikanischer Weißeiche gelagert. Bevor man mit der eigentlichen „Herstellung“ des Sherrys beginnt, werden die frisch vergorenen Jungweine in zwei Grundkategorien eingeteilt: in helle, leichte Qualitäten mit filigranem Bukett, die unter der sogenannten Florhefe weiterreifen, und in körperreiche, schwere Qualitäten, die ohne Florhefe zu Olorosos ausgebaut werden sollen. Die Unterscheidung ist nicht in erster Linie eine Frage der Qualität, sondern des Grundcharakters.
Nach dieser Klassifizierung werden die Weine in das Criaderas- und Solera-System gefüllt und je nach Typ mit unterschiedlich viel Weinalkohol „aufgestärkt“: Finos auf 15–15,5 % vol. und Olorosos auf ca. 18 % vol. Die Reifung der Sherrys erfolgt über mehrere Jahre (durchschnittlich mindestens drei) in Fässern mit einem Fassungsvermögen von ca. 600 Litern. Dabei lagern meist drei oder vier Reihen von Fässern mit Sherry der gleichen Art übereinander. Jede Reihe enthält eine Reifestufe. In der untersten Fassreihe, der sogenannten Solera, lagert der älteste Sherry. Darüber, in den Criaderas, befinden sich die jüngeren Weine. Im Laufe des Reifevorgangs werden die Weine miteinander verschnitten. Dabei wird ein Teil des ältesten Weines zur Abfüllung abgezogen und durch Wein aus der nächsthöheren Fassreihe ersetzt. So bleibt der Charakter des jeweiligen Sherrys stets der gleiche.
Der bekannteste Sherry ist der trockene, strohgelbe Fino mit 15–17 % vol. Alkohol. Der „Manzanilla“ ist ein spezieller Fino von einer helleren Farbe und einem trockeneren, leichteren, etwas salzigen Geschmack. Ebenfalls sehr beliebt ist der „Amontillado“, ein länger im Fass gelagerter, bernsteinfarbener Fino mit einem intensiven, oft nussartigen Bukett und einem Alkoholgehalt von 16–20 % vol. Er wird meist trocken oder halbtrocken angeboten. Im Unterschied dazu ist der „Oloroso“ altgoldfarben, körperreich, von einem intensiven Geschmack und mit 17–22 % vol. der alkoholhaltigste Sherry. Er kommt in Spanien meist trocken, bei uns aber vor allem süß in den Handel. „Cream Sherry“ ist ein sehr süßer Oloroso, dessen Charakter von der sehr dunklen „Xeménez-Traube“ geprägt ist. Der „Pale Cream“ ist dagegen ein aufgesüßter Fino mit hellerer Farbe und weichem Aroma.

gemüse

gemüse

Wer nach Spanien kommt, sollte unbedingt einmal über einen Gemüsemarkt bummeln. Die fröhliche Stimmung, die freundlichen Menschen und natürlich die enorme Vielfalt an Gemüsesorten sind beeindruckend. Ebenso faszinieren können die Gemüsegerichte, die sich daraus zubereiten lassen. Sie haben meistens einen einfachen Charakter, erhalten aber durch Gewürze und Kräuter Raffinesse. Besonders häufig werden rote Paprikaschoten, Tomaten, Knoblauch, Zwiebeln und Oliven verwendet und immer wieder anders kombiniert.

Geradezu ein Nationalgericht ist die „Tortilla“, eine Art Omelett. Das Grundrezept kommt mit Kartoffeln, Zwiebeln, Eiern sowie Salz aus und heißt sogar „Tortilla española“. Dieses Rezept wird aber vielfältig variiert, z. B. mit verschiedenen Gemüsesorten, Pilzen oder Garnelen. Einige Zubereitungsvorschläge finden Sie, neben vielen anderen kleinen leckeren Gemüsegerichten, in diesem Kapitel.

Sommersalat
Rezept S. 10

Tomaten mit Thunfischfüllung
Rezept S. 44

Melone mit Serrano-Schinken
Rezept S. 18

pipirraña
sommersalat

- 1 rote Paprikaschote
- 1 grüne Paprikaschote
- 1 kleine Salatgurke
- 1 Zwiebel
- 400 g Fleischtomaten
- 2 EL Sherryessig
- Salz
- frisch gemahlener schwarzer Pfeffer
- 5 EL Olivenöl
- 1 Knoblauchzehe

Die Paprikaschoten längs halbieren, von Samen sowie Scheidewänden befreien und waschen. Gurke schälen, ebenfalls längs halbieren und entkernen. Die Zwiebel schälen. Alles in sehr kleine Würfel schneiden und in eine Schüssel füllen. Die Tomaten waschen, vierteln, entkernen, ebenfalls klein würfeln und dazugeben. Den Sherryessig mit Salz, Pfeffer und Olivenöl kräftig verrühren. Den Knoblauch schälen und dazupressen. Die Sauce über das Gemüse gießen. Den Salat mischen und im Kühlschrank mindestens 30 Minuten ziehen lassen. Vor dem Servieren nochmals abschmecken und falls nötig nachwürzen.

Ergibt 4–6 Portionen

Sehr erfrischend, wenn es heiß ist.
Nach Belieben können Sie zusätzlich kleine Krabben oder Oliven untermischen.

ensalada de pimientos con aceitunas
paprikasalat mit oliven

1 kg rote Paprikaschoten
1 Bund glatte Petersilie
1 Zwiebel
3 EL Sherryessig
5 EL Olivenöl
Salz
frisch gemahlener schwarzer Pfeffer
100 g kleine schwarze Oliven

Die Paprikaschoten längs halbieren, von Samen sowie Scheidewänden befreien, waschen, in kleine Würfel schneiden und in eine Schüssel füllen.
Die Petersilie abbrausen, die Blättchen abzupfen, grob hacken und dazugeben. Die Zwiebel schälen und längs in schmale Streifen schneiden. Essig, Öl, Salz und Pfeffer mit dem Mixstab zu einer cremigen Sauce aufschlagen und über den Salat gießen. Die Oliven dazugeben und alles gut mischen.

Ergibt 4–6 Portionen
Passt besonders gut zu Tapas mit Fleisch.

ensalada de tomate
tomatensalat

600 g Fleischtomaten
1 grüne Paprikaschote
1 kleine Gemüsezwiebel
Saft von 1 Zitrone
3 EL Olivenöl
Salz
frisch gemahlener schwarzer Pfeffer

Die Fleischtomaten vom Stielansatz befreien, in kleine Stücke schneiden und in eine Schüssel füllen.
Die Paprikaschote längs halbieren, von Samen sowie Scheidewänden befreien, waschen und in kleine Würfel schneiden. Die Zwiebel schälen und ebenfalls fein würfeln. Mit den Paprikawürfeln zu den Tomaten geben. Den Zitronensaft mit dem Olivenöl, Salz und Pfeffer gut verrühren. Die Sauce über die Tomaten gießen, mischen und kurz durchziehen lassen.

Ergibt 4–6 Portionen

ensalada de aguacate
avocadosalat

400 g Fleischtomaten
3 reife Avocados
Saft von 1/2 Zitrone
2 Frühlingszwiebeln
4 EL Olivenöl
1 Prise Zucker
Salz
frisch gemahlener schwarzer Pfeffer

Ergibt 4–6 Portionen

Die Tomaten vom Stielansatz befreien und in kleine Stücke schneiden. Die Avocados schälen, längs halbieren, den Kern entfernen und das Fruchtfleisch in kleine Würfel schneiden. Sofort mit der Hälfte des Zitronensafts beträufeln, damit es sich nicht verfärbt. Mit den Tomatenwürfeln in eine Schüssel füllen.
Die Frühlingszwiebeln putzen, in feine Ringe schneiden und dazugeben. Den restlichen Zitronensaft mit Olivenöl, Zucker, Salz und Pfeffer zu einer Sauce aufschlagen, über den Salat gießen und alles gut vermischen.

ensalada de judias blancas
bohnensalat

500 g große weiße Bohnen, (aus der Dose)
4 EL Olivenöl
2 EL Sherryessig
Salz
frisch gemahlener schwarzer Pfeffer
1 Knoblauchzehe
1 Fleischtomate
1 Majoranzweig

Ergibt 4–6 Portionen

Die Bohnen in einem Sieb gut abtropfen lassen. In einer Schüssel mit dem Schneebesen Olivenöl, Essig, Salz und Pfeffer zu einer cremigen Sauce aufschlagen.
Den Knoblauch schälen und dazupressen. Die Bohnen untermischen und kurz ziehen lassen. Die Fleischtomate vom Stielansatz befreien, in kleine Stücke schneiden und dazugeben. Den Majoran abbrausen, die Blättchen über der Schüssel abzupfen und alles gut mischen. Vor dem Servieren falls notwendig nochmals nachwürzen.

Der Salat lässt sich gut vorbereiten und kann etwa 1 Stunde durchziehen.

ensalada rusa
gemüsesalat mit mayonnaise

800 g fest kochende Kartoffeln
250 g Möhren
300 g Erbsen
(tiefgefroren oder frisch)
Salz
frisch gemahlener schwarzer Pfeffer
4 EL Sherryessig
200 g Mayonnaise

Die Kartoffeln waschen und knapp mit Wasser bedeckt in etwa 30 Minuten garen. Inzwischen Möhren schälen und in kleine Würfel schneiden. Zusammen mit den Erbsen in kochendem Salzwasser etwa 3 Minuten blanchieren, eiskalt abschrecken und gut abtropfen lassen.
Die Kartoffeln pellen und in 2 Zentimeter große Würfel schneiden. Mit dem übrigen Gemüse in eine Schüssel füllen, salzen, pfeffern und mit dem Essig beträufeln. Die Mayonnaise gründlich unter den Salat mischen und nochmals abschmecken. Vor dem Servieren etwa 1 Stunde im Kühlschrank durchziehen lassen.

Ergibt 4–6 Portionen
Lässt sich gut mit anderen Tapas kombinieren und ist auch hervorragend für Partys geeignet.

ensalada de zanahoria
möhrensalat mit kreuzkümmel

500 g Möhren
Salz
4 Knoblauchzehen
3 EL Weißweinessig
4 EL Olivenöl
frisch gemahlener schwarzer Pfeffer
1/2 TL Kreuzkümmel
1/2 TL mildes Paprikapulver
1/2 TL Oregano
100 g entsteinte schwarze Oliven

Ergibt 4–6 Portionen

Die Möhren schälen, in einen Topf geben und knapp mit gesalzenem Wasser bedeckt aufkochen. Im geschlossenen Topf je nach Größe der Möhren 15–20 Minuten bei mittlerer Hitze garen. In einem Sieb abtropfen lassen und schräg in 1/2 Zentimeter dicke Scheiben schneiden. Den Knoblauch schälen und sehr fein hacken. In einer Schüssel Knoblauch, Essig, Öl, Salz, Pfeffer, Kreuzkümmel, Paprika und Oregano verrühren. Die Möhrenscheiben mit der Sauce übergießen, darin wenden und am besten über Nacht ziehen lassen. Die Oliven grob hacken und zum Schluss unterheben.

Passt gut zu Fleisch- oder Geflügel-Tapas.

ensalada de naranjas
orangensalat mit oliven

4 Orangen
Saft von 1/2 Zitrone
3 EL Olivenöl
Salz
frisch gemahlener schwarzer Pfeffer
1 Prise Zucker
1 Msp. Cayennepfeffer
1 Msp. gemahlener Zimt
1 Msp. gemahlener Kreuzkümmel
50 g kleine schwarze Oliven
50 g geschälte, gehackte Mandeln

Die Orangen schälen, dabei die weiße Innenhaut entfernen. Die Orangenfilets aus den Häutchen herausschneiden und die Kerne entfernen. Zitronensaft, Öl, Salz, Pfeffer, Zucker, Cayennepfeffer, Zimt und Kreuzkümmel zu einer Marinade verrühren.
Die Orangenfilets auf einer Platte oder kleinen Tellern anrichten, die Oliven darauf verteilen.
Die Orangen gleichmäßig mit der Marinade begießen und zum Schluss mit den Mandeln bestreuen.

Ergibt 4–6 Portionen
Passt sehr gut zu Fisch-Tapas.

knoblauch Spanien ist eines der größten Anbauländer für Knoblauch. Sein typisches Aroma wird dort in Würsten, Fisch-, Fleisch-, Geflügel- und Gemüsegerichten geschätzt. Man unterscheidet zwei Grundsorten, die sich farblich unterscheiden. Weißer Knoblauch (ajo blanco) ist preisgünstig und lange haltbar. Rosafarbener Knoblauch (ajo morado) wird violett bis rötlich und geht hauptsächlich in den Export.

Frischen Knoblauch erkennt man an den prallen Knollen und einer glatten Schnittstelle am Stiel, die nicht eingetrocknet sein darf. Man sollte ihn luftig, trocken, aber nicht zu warm lagern. Vorzugsweise nicht im Kühlschrank, dort verliert er zu viel Aroma. Wenn in der Knoblauchzehe schon ein grüner Trieb zu finden ist, empfiehlt es sich, ihn herausschneiden, denn er kann bitter schmecken.

Knoblauch ist sehr gesund: Er hat eine stark antibiotische Wirkung, senkt den Blutdruck, fördert die Verdauung und beugt Arterienverkalkung vor.

oliven und olivenöl Der Olivenbaum ist eine der ältesten Kulturpflanzen des Mittelmeerraumes. Zum Teil werden die Früchte auch heute noch von Hand geerntet. Das ist zwar mühsam, aber nur so ist garantiert, dass ihre empfindliche Haut nicht verletzt und das zarte Fruchtfleisch nicht zerdrückt wird. Danach müssen die Früchte schnell zur Presse gelangen, denn je länger sie liegen, desto mehr Säure bildet sich in ihnen. Für einen Liter Olivenöl werden etwa 4–5 Kilo reife Früchte benötigt. Die Oliven werden verlesen, gewaschen und in den Ölmühlen fein zerkleinert. Anschließend trennt eine Zentrifuge das Wasser der Frucht vom Öl.

So erhält man ein kaltgepresstes, naturreines (natives) Olivenöl von bester Qualität: Aceite de oliva virgen extra. Es enthält nur 1 % freie Fettsäuren, ist besonders aromatisch und für kalte Gerichte empfehlenswert. Ebenso für kalte Gerichte verwendet man Aceite de oliva virgen fino (natives Olivenöl, bis 2 % freie Fettsäuren). Öl mit höheren Fettsäureanteilen wird raffiniert, mit nativem Olivenöl vermischt und als Aceite de oliva puro (Olivenöl) in den Handel gebracht. Es eignet sich zum Braten, Frittieren etc. Durch den großen Anteil an ungesättigten Fettsäuren beeinflusst Olivenöl den Cholesterinspiegel günstig, es regt die Gallenfunktion an, macht die Haut geschmeidig und fördert das Knochenwachstum.

pimientos en adobo
marinierte paprikaschoten

1 kg rote Paprikaschoten
6 Knoblauchzehen
Salz
frisch gemahlener schwarzer Pfeffer
1 Msp. Cayennepfeffer
1/4 l Olivenöl
3 EL Sherryessig

Den Backofen auf 250 °C vorheizen. Die Paprikaschoten längs halbieren, von Samen sowie Scheidewänden befreien und waschen. Die Schoten mit der Hautseite nach oben auf den Backofenrost legen (mittlere Schiene). Garen, bis die Haut dunkelbraun wird und Blasen wirft; das dauert ca. 20 Minuten, bei eingeschaltetem Grill 10 Minuten. Inzwischen den Knoblauch schälen und in dünne Scheiben schneiden. Die Paprikaschoten etwas abkühlen lassen, häuten und längs in breite Streifen schneiden. Mit Salz, Pfeffer sowie Cayennepfeffer würzen und in eine flache Schale legen. Die Knoblauchscheiben mit Olivenöl und Sherryessig einmal kurz aufkochen. Lauwarm abkühlen lassen und die Paprikaschoten damit übergießen. Im Kühlschrank zugedeckt mindestens 2 Stunden, am besten aber über Nacht marinieren.

Ergibt 4–6 Portionen

Die Paprikaschoten ergänzen alle anderen Tapas ideal.

calabacines alinadas
marinierte zucchini

500 g Zucchini
8 EL Olivenöl
Salz
frisch gemahlener Pfeffer
3 EL Sherryessig
1 kleine Fleischtomate
1 kleine Zwiebel
2 Knoblauchzehen
1 hart gekochtes Ei
4 EL kleine Kapern

Die Zucchini putzen und in ca. 1/2 Zentimeter dicke Scheiben schneiden. In 2 Esslöffeln Olivenöl beidseitig ca. 3 Minuten braten. Salzen, pfeffern und auf einer Platte verteilen. Den Sherryessig mit dem restlichen Olivenöl, Salz und Pfeffer in eine Schüssel geben und mit dem Mixstab zu einer cremigen Marinade aufschlagen. Über die Zucchini gießen und 15 Minuten ziehen lassen.
Die Fleischtomate blanchieren, häuten, entkernen und in kleine Würfel schneiden. Die Zwiebel und den Knoblauch schälen, sehr fein hacken und dazugeben. Das Ei pellen, zusammen mit den Kapern fein hacken und unterrühren. Die Mischung gleichmäßig über die Zucchinischeiben verteilen und weitere 10 Minuten durchziehen lassen.

Ergibt 4–6 Portionen

Geschmorte Zwiebelchen in Sherry, Rezept S. 20

Marinierte Zucchini Rezept S. 16

Paprika-Oliven-Spießchen Rezept S. 51

melon con serrano
melone mit serrano-schinken

1 Netzmelone
1 Bund Minze
200 g Serrano-Schinken (in dünnen Scheiben)
Zahnstocher

Ergibt 4-6 Portionen

Die Melone halbieren und die Kerne mit einem Esslöffel herausnehmen. Mit einem Kugelausstecher Kugeln aus dem Fruchtfleisch herauslösen.
Die Minze abbrausen und die Blättchen abzupfen.
Die Schinkenscheiben längs halbieren. Je eine Melonenkugel mit einem Minzeblatt in eine halbe Schinkenscheibe einrollen, mit Zahnstochern zusammenstecken und auf einer Platte anrichten.
Bis zum Servieren kalt stellen.

serrano-schinken

Nur die Keulen der kleinen schwarzen „Cerdo iberico“, einer frei laufenden Schweinerasse, werden für den berühmten Schinken verwendet. In einer Höhe von mindestens 700 Metern über dem Meeresspiegel pökelt man die Keulen in Meersalz. Dann werden sie in frischer Bergluft (je nach Lebendgewicht des Schweines) 6–9 Monate luftgetrocknet, bevor man sie als kulinarische Spezialität in den Läden findet.
Der Schinken hat eine frische rote Farbe, ist mit zarten Fettadern durchzogen und schmeckt aromatisch mild. Man reicht ihn in Scheiben oder Stücken als Tapa. Außerdem verleiht er vielen Gerichten aus allen Regionen Spaniens sein typisches Aroma.

alcachofas salteatas
artischocken mit serrano-schinken

Saft von 1 Zitrone
8 junge kleine Artischocken
4 Knoblauchzehen
1 mittelgroße Zwiebel
150 g Serrano-Schinken (in dickeren Scheiben)
1 Thymianzweig
2 große Fleischtomaten
4 EL Olivenöl
1 Lorbeerblatt
Salz
frisch gemahlener schwarzer Pfeffer

Eine große Schüssel mit Wasser und dem Saft der Zitrone bereitstellen. Den Stiel der Artischocken mit einem scharfen Messer knapp abschneiden. Die äußeren, harten Blätter entfernen, dann die verbliebenen Blattspitzen großzügig abschneiden. Die Artischocken halbieren und in das Zitronenwasser legen, damit sie sich nicht verfärben. Knoblauch sowie Zwiebel schälen und fein hacken. Den Schinken in kleine Würfel schneiden. Thymian abbrausen, Blättchen abzupfen und trockenschleudern. Die Fleischtomaten blanchieren, häuten, von den Kernen befreien und in grobe Stücke schneiden. Die Artischocken aus dem Wasser nehmen und mit Küchenpapier trockentupfen.
In einer breiten Pfanne mit hohem Rand in Olivenöl kurz anbraten. Knoblauch, Zwiebeln und Schinkenwürfel dazugeben und glasig dünsten. Tomaten, Lorbeerblatt und Thymian zufügen, mit Salz und Pfeffer würzen. Die Artischocken in der Sauce bei geringer Hitze zugedeckt 20 Minuten schmoren. Die Sauce nochmals abschmecken und bei Bedarf nachwürzen.

Ergibt 4–6 Portionen
Die Artischocken schmecken sowohl warm als auch kalt.

cebolletas al jerez
geschmorte zwiebelchen in sherry

600 g kleine Zwiebeln
oder Perlzwiebeln
4 EL Olivenöl
4 EL Sherryessig
400 ml Amontillado
100 g Rosinen
1 Nelke
1 getrocknete Chilischote
1 Thymianzweig
1 Lorbeerblatt
1 TL schwarze Pfefferkörner
1 Prise Salz
1 Prise Zucker

Die Zwiebelchen schälen. Das Olivenöl in einer breiten Pfanne erhitzen und die Zwiebelchen darin hellbraun anbraten. Mit dem Sherryessig ablöschen und den Amontillado zugießen. Die Rosinen einstreuen. Nelke, Chilischote, Thymian, Lorbeerblatt, Pfeffer, Salz und Zucker dazugeben.
Alles aufkochen und zugedeckt bei geringer Hitze 30 Minuten köcheln. Mit dem Sud in eine Schüssel füllen und abkühlen lassen. Vor dem Servieren mindestens 3 Stunden zugedeckt kalt stellen.

Ergibt 4–6 Portionen
Besonders köstlich zu gebratenem Fleisch.

ensalada de garbanzos con lomo
kichererbsensalat mit schweinefilet

500 g Kichererbsen
(aus der Dose)
5 EL Olivenöl
2 EL Sherryessig
Salz
frisch gemahlener
schwarzer Pfeffer
1 Knoblauchzehe
100 g Lomo embuchado
(getrocknetes Schweinefilet)
1 Bund glatte Petersilie

Die Kichererbsen in einem Sieb gut abtropfen lassen. In einer Schüssel mit dem Schneebesen Olivenöl, Sherryessig, Salz und Pfeffer zu einer cremigen Sauce aufschlagen. Den Knoblauch schälen und dazupressen. Die Kichererbsen untermischen und 30 Minuten ziehen lassen. Lomo in kleine Würfel schneiden und dazugeben. Die Petersilie waschen, die Blättchen abzupfen, grob hacken und ebenfalls untermischen.

Ergibt 4–6 Portionen

berenjenas fritas
frittierte auberginen

500 g Auberginen
Salz
4 EL Olivenöl
ca. 1 l Olivenöl zum Frittieren
1 unbehandelte Zitrone in Scheiben

Für den Teig:
125 g Mehl
3 Eiweiß
2 Knoblauchzehen

Für die Mayonnaise:
3 Eigelb
Salz
2 EL Zitronensaft
200 ml Olivenöl
frisch gemahlener Pfeffer

Die Auberginen putzen und in knapp 1/2 Zentimeter dicke Scheiben schneiden. Auf einer Platte auslegen, beidseitig salzen und 10 Minuten ziehen lassen. Kurz in 4 Esslöffel Olivenöl anbraten.
Für die Mayonnaise die Eier trennen, die Eiweiße beiseite stellen. Die Eigelbe mit Salz sowie Zitronensaft verrühren und etwas stehen lassen. Das Olivenöl erst tropfenweise, dann in dünnem Strahl dazugießen. Dabei mit dem Handrührer ständig schlagen, bis die Mayonnaise eine cremige Konsistenz hat, mit Salz und Pfeffer würzen.
Für den Ausbackteig das Mehl mit den Eiweißen verrühren. Den Knoblauch schälen und dazupressen. Auberginenscheiben kurz kalt abspülen und sorgfältig mit Küchenpapier trockentupfen.
Das Frittieröl in einem hohen Topf oder einer Fritteuse erhitzen. Auberginenscheiben erst durch den Teig ziehen, dann im heißen Öl hellbraun frittieren, auf Küchenpapier abtropfen lassen und salzen. Mit Zitronenscheiben und der Mayonnaise anrichten.

Ergibt 4–6 Portionen

berenjenas con manchego
auberginenröllchen mit manchego

2 große Auberginen
3 Knoblauchzehen
4 EL Olivenöl
Salz
frisch gemahlener schwarzer Pfeffer
200 g Manchego
16 schwarze Oliven
Zahnstocher

Die Auberginen putzen, vom Stielansatz befreien und (am besten mit der Schneidemaschine) in 16 Längsscheiben schneiden. Knoblauch schälen. Die Auberginenscheiben im heißen Olivenöl beidseitig kräftig anbraten, währenddessen den Knoblauch darüber pressen, mit Salz und Pfeffer würzen. Den Manchego in 16 Stücke schneiden. Jeweils ein Stück Käse in eine Auberginenscheibe wickeln und zusammen mit einer Olive auf einen Zahnstocher stecken.

Ergibt 4–6 Portionen
Falls die Auberginenscheiben zu groß sind, kann man sie einfach halbieren.

manchego

Der Manchego ist eine von Kennern geschätzte spanische Käsespezialität aus der Mancha, der Hochebene von Neukastilien. Er wird aus der Milch der Manchego-Schafe gewonnen, die nach Gräsern und wilden Kräutern schmeckt und einen hohen Fettgehalt hat. Entsprechend hat der Manchego einen Fettanteil von 50–62 %. Man erkennt ihn an seiner schwarzen Rinde und den Kerben der Hanfschnüre, mit denen der Käse traditionell umwickelt wird. Die Reifezeit des Manchego liegt zwischen 2 und 12 Monaten. Je nach Reifestufe unterscheidet man „tierno", frisch und hellgelb, „semi-seco", besonders mild und aromatisch, sowie „seco", trocken, dunkelgelb und hart.

pisto
gemüseeintopf

1 Zwiebel
2 Knoblauchzehen
4 EL Olivenöl
300 g Aubergine
300 g Zucchini
2 EL Tomatenmark
1 EL mildes Paprikapulver
Salz
frisch gemahlener schwarzer Pfeffer
500 g Fleischtomaten
1 Lorbeerblatt
1 Rosmarinzweig
200 ml Gemüsebrühe
je 1/2 Bund glatte Petersilie und Minze

Zwiebel sowie Knoblauch schälen und fein hacken. Öl in einem breiten Topf erhitzen und beides darin bei geringer Hitze andünsten. Aubergine und Zucchini putzen, 2 Zentimeter groß würfeln und dazugeben. Tomatenmark und Paprika unterrühren, salzen und pfeffern. Die Tomaten blanchieren, häuten, entkernen, grob hacken und unter das Gemüse mischen. Rosmarin abbrausen, Nadeln abzupfen und trocken schleudern. Lorbeerblatt und Rosmarin dazugeben, Brühe angießen und alles zugedeckt bei geringer Hitze 30 Minuten schmoren. Restliche Kräuter abbrausen, Blättchen abzupfen, fein hacken und untermischen.

Ergibt 4–6 Portionen
Schmeckt am besten zu deftigen Fleischgerichten.

champiñones rellenos
gefüllte champignons

12 möglichst große Champignons
Fett für die Form

Für die Füllung:
1 kleine Zwiebel
2 EL Olivenöl
200 g Hackfleisch vom Schwein
2 Knoblauchzehen
1 EL trockener Sherry
Salz
frisch gemahlener Pfeffer
1 TL mildes Paprikapulver
1 Prise Kreuzkümmel
1/2 Bund glatte Petersilie
1 EL gehackte Pinienkerne
1 Eigelb

Die Champignons putzen. Stiele herausdrehen und fein hacken. Zwiebel schälen, sehr fein hacken und in 1 Esslöffel Öl andünsten. Pilzstiele zufügen und mitdünsten, bis die Flüssigkeit fast vollständig verdampft ist. Das Fleisch dazugeben und krümelig anbraten.
Knoblauch schälen und darüber pressen. Sherry angießen. Mit Salz, Pfeffer, Paprika sowie Kreuzkümmel würzen und alles etwa 8 Minuten dünsten.
Die Petersilie abbrausen, die Blättchen abzupfen und fein hacken. Mit den Pinienkernen und dem Eigelb unter das Hackfleisch mischen und etwas abkühlen lassen.
Die Füllung in die Pilzköpfe häufen und sie nebeneinander in eine gefettete Gratinform setzen. Die Pilze mit dem restlichen Olivenöl beträufeln und im vorgeheizten Backofen (mittlere Schiene) bei 200 °C etwa 25 Minuten goldbraun überbacken.

Kartoffelomelett
Rezept S. 30

Auberginenröllchen
mit Manchego
Rezept S. 23

Champignons
mit Knoblauch
Rezept S. 26

champiñones al ajillo
champignons mit knoblauch

500 g Champignons
3 EL Olivenöl
5 Knoblauchzehen
Salz
frisch gemahlener schwarzer Pfeffer
1 Bund glatte Petersilie

Die Champignons putzen, kurz abbrausen und je nach Größe ganz belassen, halbieren oder vierteln. Das Olivenöl in einer breiten Pfanne (das ist wichtig, damit die Pilze nicht zu schnell Saft abgeben) erhitzen und die Pilze bei starker Hitze 5 Minuten kräftig darin anbraten. Den Knoblauch schälen, über die Pilze pressen und sie bei geringer Hitze 5 Minuten dünsten. Salzen, pfeffern und weitere 10 Minuten garen. Die Petersilie abbrausen, die Blättchen abzupfen und fein hacken. Zum Schluss untermischen und die Champignons sofort servieren.

Ergibt 4–6 Portionen
Schmecken auch kalt sehr gut.

alcachofas con aioli
artischocken mit knoblauchmayonnaise

Für die Artischocken:
8 kleine Artischocken
1 Rosmarinzweig
4 EL Olivenöl
Salz
frisch gemahlener weißer Pfeffer
1/4 l trockener Weißwein

Für die Knoblauchmayonnaise:
4 Knoblauchzehen
3 Eigelb
Salz
1/4 l Olivenöl
frisch gemahlener weißer Pfeffer
1 TL Zitronensaft
1 Bund glatte Petersilie

Die kleinen Artischocken von den harten, äußeren Blättern und dem Stiel befreien und längs halbieren. Den Rosmarin abbrausen, trockenschleudern und die Nadeln abzupfen.
Das Olivenöl in einem breiten Topf erhitzen und die Artischocken kurz darin anbraten. Mit Salz, Pfeffer und Rosmarin würzen. Mit dem Weißwein ablöschen und ca. 1/4 Liter Wasser dazugießen. Artischocken zugedeckt ca. 30 Minuten köcheln lassen.
Inzwischen für die Knoblauchmayonnaise den Knoblauch schälen und in eine Schüssel pressen. Die Eigelbe mit etwas Salz untermischen. Mit dem Schneebesen des Handrührers rühren und dabei das Olivenöl in dünnem Strahl dazugießen, bis eine cremige Mayonnaise entstanden ist. Mit Salz, Pfeffer und Zitronensaft würzen.
Die Petersilie abbrausen, die Blättchen abzupfen, fein hacken und untermischen. Die Artischocken warm oder kalt in Schälchen verteilen und die Aioli dazu reichen.

Ergibt 4–6 Portionen
Aioli passt auch zu vielen anderen Fisch-, Fleisch- oder Gemüse-Tapas, wie z. B. Tortilla.

aceitunas con almendras
oliven mit mandeln

50 g gemahlene Mandeln
50 g Mehl
1 Ei
200 ml Weißwein
Olivenöl zum Frittieren
200 g entsteinte grüne Oliven
Salz
frisch gemahlener schwarzer Pfeffer
Zahnstocher

Die gemahlenen Mandeln, das Mehl, das Ei und den Weißwein gut miteinander verrühren. Das Olivenöl in einem hohen Topf oder einer Fritteuse erhitzen. Oliven auf Zahnstocher stecken, durch den Teig ziehen und in heißem Olivenöl 4–5 Minuten goldgelb ausbacken. Mit Salz und Pfeffer würzen.

Ergibt 4–6 Portionen

espinacas al sacromonte
spinat sacromonte

800 g frischer Blattspinat
Salz
2 Knoblauchzehen
150 g geschälte Mandeln
1 EL Semmelbrösel
4 EL Oivenöl
1 TL Safranfäden
100 g Rosinen
1 TL Weinessig
frisch gemahlener schwarzer Pfeffer

Den Spinat verlesen, waschen, in kochendem Salzwasser blanchieren. Abgießen, mit kaltem Wasser abbrausen und abtropfen lassen. Gut ausdrücken und grob hacken. Den Knoblauch schälen. Mandeln mit den Semmelbröseln und dem Knoblauch in 2 Esslöffeln heißem Olivenöl leicht anbraten. Dann zusammen mit den Safranfäden im Mörser zerstoßen oder im Mixer zu einer homogenen Paste verarbeiten. Das restliche Olivenöl in einer Pfanne erhitzen und den Spinat mit den Rosinen kurz darin andünsten. Die Würzpaste mit dem Weinessig unterrühren. Kräftig mit Salz und Pfeffer würzen und servieren.

Ergibt 4–6 Portionen
Schmeckt besonders gut zu Geflügel. Sie können dafür auch tiefgekühlten Blattspinat verwenden.

crèma de aguacates
avocadocreme

2 reife Avocados
Zitronensaft nach Belieben
2 cl trockener Sherry
1 kleine Zwiebel
2 Knoblauchzehen
Salz
frisch gemahlener schwarzer Pfeffer
1 Msp. Cayennepfeffer

Die Avocados quer halbieren und den Stein entfernen. Das Fruchtfleisch aus der Schale lösen und sofort mit Zitronensaft beträufeln, damit es sich nicht dunkel verfärbt. Dann mit einer Gabel fein zerdrücken und dabei den Sherry untermischen. Die Zwiebel schälen, sehr fein hacken und dazugeben. Den Knoblauch schälen und dazupressen. Kräftig mit Salz, Pfeffer sowie Cayennepfeffer würzen und gut vermischen.

Ergibt 4–6 Portionen
Köstlich dazu schmecken „Papas de Patatas", das sind Kartoffelchips, mit denen man die Avocadocreme dippen kann.

tortilla española
kartoffelomelett

1 kg Kartoffeln
2 große Zwiebeln
8 EL Olivenöl
Salz
frisch gemahlener schwarzer Pfeffer
6 Eier

Die Kartoffeln schälen, waschen und in dünne Scheiben schneiden. Zwiebeln schälen und klein würfeln, nicht fein hacken. 4 Esslöffel Olivenöl in einer Pfanne mit einem hohen Rand und 20 Zentimetern Durchmesser erhitzen. Kartoffelscheiben und Zwiebelwürfel darin bei mittlerer Hitze etwa 30 Minuten garen, ohne sie braun werden zu lassen. Salzen, pfeffern und etwas abkühlen lassen.
Inzwischen die Eier in einer Schüssel aufschlagen, verquirlen, kräftig mit Salz und Pfeffer würzen. Kartoffeln und Zwiebelwürfel dazugeben.
2 Esslöffel Olivenöl in der Pfanne erhitzen, die Mischung hineingeben und bei geringer Hitze in knapp 10 Minuten stocken lassen. Die Tortilla auf einen Teller gleiten lassen, das restliche Olivenöl in der Pfanne erhitzen, die Tortilla umgedreht hineingeben und nochmals knapp 10 Minuten garen. Auf einer Platte in Tortenstücke bzw. Würfel schneiden und warm oder kalt servieren.

Ergibt 4–6 Portionen

tortilla de espárragos
spargelomelett

500 g grüner Spargel
5 EL Olivenöl
1 Knoblauchzehe
Salz
frisch gemahlener schwarzer Pfeffer
5 Eier

Ergibt 4–6 Portionen
Dazu passt Knoblauchmayonnaise (Rezept S. 27) sehr gut.

Das untere Drittel der Spargelstangen schälen und die Enden abschneiden. Die Stangen in 1/2 Zentimeter dicke Scheiben schneiden. 1 Esslöffel Olivenöl in einer Pfanne erhitzen und die Spargelscheiben 5 Minuten darin dünsten. Den Knoblauch schälen und darüber pressen. Mit Salz und Pfeffer würzen. Die Eier in einer Schüssel aufschlagen und den Spargel untermischen.
2 Esslöffel Olivenöl in einer Pfanne (von ca. 20 Zentimetern Durchmesser) erhitzen. Die Eier-Spargel-Mischung hineingießen und bei geringer Hitze knapp 8 Minuten stocken lassen. Die Tortilla auf einen Teller gleiten lassen. Das restliche Olivenöl in der Pfanne erhitzen, die Tortilla umgedreht wieder hineingeben und in weiteren 8 Minuten fertiggaren. Auf einer Platte in Tortenstücke bzw. Würfel schneiden und warm oder kalt servieren.

tortillas de verdura
kleine omeletts mit gemüse

150 g Möhren
250 g Zucchini
1 mittelgroße Zwiebel
6 EL Olivenöl
150 g Erbsen (tiefgefroren)
Salz
frisch gemahlener Pfeffer
5 Eier
1 EL Speisestärke

Ergibt 4–6 Portionen

Die Möhren schälen, die Zucchini putzen und beides in kleine Würfel schneiden. Die Zwiebel schälen und fein hacken. Zwiebel-, Möhren- und Zucchiniwürfel in 2 Esslöffeln Olivenöl bei mittlerer Hitze ca. 3 Minuten andünsten. Die Erbsen dazugeben und kurz mitgaren. Das Gemüse mit Salz und Pfeffer würzen. Die Eier sorgfältig mit der Speisestärke verquirlen, kräftig salzen, pfeffern und das Gemüse untermischen.
Das restliche Olivenöl in einer großen Pfanne erhitzen. Die Eiermasse mit einem Schöpflöffel portionsweise hineingeben. Die kleinen Tortillas bei geringer Hitze in etwa 5 Minuten stocken lassen, dabei einmal wenden. Warm oder kalt servieren.

Die Tortillas werden besonders schön, wenn man die Eiermasse zum Stockenlassen portionsweise in Ringförmchen von passender Größe füllt.
Man kann die Tortillas gut einfrieren, darum empfiehlt es sich, gleich die doppelte Menge zuzubereiten.

croquetas de huevos
eierkroketten

5 Eier
1 kleine Zwiebel
2 EL Butter
4 EL Mehl
1/4 l Milch
2 EL frisch geriebener Manchego
80 g Paniermehl
Salz
frisch gemahlener schwarzer Pfeffer
1 Msp. frisch geriebene Muskatnuss
Mehl zum Ausrollen
500 ml Olivenöl

4 Eier in 10 Minuten hart kochen, eiskalt abschrecken, schälen und erkalten lassen. Inzwischen die Zwiebel schälen und fein hacken.
Die Butter in einem kleineren Topf erhitzen und die Zwiebel darin weich dünsten. 3 Esslöffel Mehl darüber stäuben und goldgelb andünsten. Milch langsam unter ständigem Rühren mit dem Schneebesen dazugießen. Die Sauce 10 Minuten bei schwacher Hitze sehr dick einkochen lassen, dabei wiederholt umrühren.
Den Topf vom Herd nehmen, dann den Manchego und die Hälfte des Paniermehls untermischen, kräftig mit Salz, Pfeffer und Muskat würzen. Die Masse etwa 20 Minuten quellen lassen.
Die hart gekochten Eier pellen und in kleine Würfel schneiden. Mit der Masse vermischen, würzen und vollständig auskühlen lassen.
Auf einer bemehlten Arbeitsfläche aus der Masse eine Rolle von etwa 2 Zentimetern Durchmesser formen – falls die Masse zu weich ist, noch etwas Paniermehl untermischen. Die Rolle in etwa 3 Zentimeter lange Stücke schneiden.
Das restliche Ei in einem Teller verquirlen, das übrige Mehl und das Paniermehl auf je einen Teller geben. Die Kroketten erst im Mehl wenden, dann durch das Ei ziehen und zum Schluss im Paniermehl wälzen.
Das Olivenöl in einem hohen Topf oder einer Fritteuse erhitzen und die Kroketten darin in etwa 5 Minuten bei mittlerer Hitze goldgelb frittieren. Herausnehmen und auf Küchenpapier abtropfen lassen. Heiß oder kalt servieren.

Ergibt 4–6 Portionen

fisch & meeresfrüchte

Von Atlantik und Mittelmeer umgeben, hat Spanien ein großes Angebot an Fisch und Meeresfrüchten. Die abwechslungsreichen Gerichte, die man in den verschiedenen Regionen daraus zubereitet, gehören zu den Highlights der spanischen Küche.
Gerne servieren die Spanier Fisch und Meeresfrüchte „a la plancha“, d. h. nur kurz auf der geölten Grillplatte gegart und mit Zitronensaft und Olivenöl beträufelt – einfach köstlich! Gambas löst man meist aus der Schale, dippt sie kurz in Aioli und lässt sie sich schmecken. Ich habe eine kleine Tapa-Auswahl getroffen, die Sie rasch zu Hause nachkochen und genießen können.

Tintenfischsalat
Rezept S. 37

Gegrillte Langostinos
Rezept S. 53

Jakobsmuscheln mit
Salsa, Rezept S. 59

salpicon de marisco
meeresfrüchtesalat

500 g Herzmuscheln
1/4 l trockener Weißwein
5 EL Olivenöl
250 g kleine Tintenfische (küchenfertig)
150 g Jakobsmuschelfleisch
150 g frische Garnelen
Saft von 2 Zitronen
Salz
frisch gemahlener schwarzer Pfeffer
1 Knoblauchzehe
1/2 Bund glatte Petersilie

Die Herzmuscheln unter fließendem kaltem Wasser gründlich abbürsten. Schon geöffnete Exemplare wegwerfen. Weißwein und 2 Esslöffel Olivenöl in einem Topf erhitzen. Die Muscheln darin zugedeckt garen, bis sie sich geöffnet haben; das dauert etwa 7 Minuten. Mit dem Schaumlöffel aus dem Sud heben, das Muschelfleisch aus den Schalen lösen und in eine Schüssel geben, noch geschlossene Exemplare wegwerfen.
Tintenfische und Jakobsmuscheln in demselben Weißweinsud bei geringer Hitze ca. 8 Minuten gar ziehen lassen. Dann klein würfeln und in die Schüssel geben.
Die Garnelen ebenfalls 5 Minuten in dem Sud garen, aus den Schalen lösen, von den Därmen befreien und zu den übrigen Zutaten geben.
Den Weißweinsud in einer Schüssel mit dem Zitronensaft, dem restlichen Olivenöl, Salz und Pfeffer gut verrühren. Den Knoblauch schälen und dazupressen.
Die Petersilie abbrausen, die Blättchen abzupfen, fein hacken und unterrühren.
Die Sauce über die Meeresfrüchte gießen, alles vermischen und vor dem Servieren im Kühlschrank 30 Minuten durchziehen lassen.

Ergibt 4–6 Portionen

ensalada de calamares
tintenfischsalat

2 Zwiebeln
1 Lorbeerblatt
1 TL schwarze Pfefferkörner
1 Bund glatte Petersilie
Salz
600 g Tintenfische (küchenfertig)
200 g Fleischtomaten
1 grüne Paprikaschote
1 frische Chilischote
Saft von 1 Zitrone
frisch gemahlener schwarzer Pfeffer
4 EL Olivenöl

Ergibt 4–6 Portionen

Die Zwiebeln schälen. Eine Zwiebel vierteln und mit dem Lorbeerblatt, den Pfefferkörnern, 2 Petersilienzweigen und 1/2 Teelöffel Salz in einen Topf geben. 1/2 Liter Wasser dazugießen und aufkochen. Die Tintenfische waschen, in schmale Ringe schneiden und im leise köchelnden Sud 20–25 Minuten gar ziehen lassen. Gut abtropfen und abkühlen lassen.
Inzwischen die Fleischtomaten blanchieren, häuten, entkernen und in Würfel schneiden. Die Paprikaschote längs halbieren, von Samen sowie Scheidewänden befreien, waschen und ebenfalls klein würfeln.
Die Chilischote längs halbieren, entkernen, waschen und wie die Zwiebel klein schneiden.
Die Blättchen der restlichen Petersilie abzupfen und fein hacken. Tomaten, Paprika, Chilischote, Zwiebel und Petersilie in eine Schüssel füllen.
Aus Zitronensaft, Salz, Pfeffer und Olivenöl eine Sauce rühren. Die abgekühlten Tintenfischringe zu dem Gemüse geben. Mit der Sauce übergießen, alles gut mischen und 15 Minuten ziehen lassen. Abschmecken und falls nötig nochmals nachwürzen.

ensalada de pescado
fischsalat

600 g Kabeljaufilet
Salz
frisch gemahlener weißer Pfeffer
5 EL Olivenöl
1 große Fleischtomate
100 g mit Paprika gefüllte Oliven
1 Frühlingszwiebel
2 EL Kapern
1 Knoblauchzehe
Saft von 1 Zitrone

Den Backofen auf 200 °C vorheizen. Den Fisch kalt abspülen, mit Küchenpapier trockentupfen, salzen und pfeffern. Eine Gratinform mit 1 Esslöffel Olivenöl auspinseln, den Fisch hineinlegen und mit 1 weiteren Esslöffel Olivenöl beträufeln. Die Form mit Alufolie zudecken und den Fisch im Backofen (mittlere Schiene) ca. 15 Minuten garen.

Die Fleischtomate blanchieren, häuten, entkernen, fein würfeln und in eine Schüssel füllen. Oliven in feine Scheiben schneiden und dazugeben. Die Frühlingszwiebel putzen und in feine Ringe schneiden. Mit den Kapern in die Schüssel geben, den Knoblauch schälen und dazupressen. Den Fisch in mundgerechte Stücke schneiden und ebenfalls dazugeben.

Zitronensaft, restliches Olivenöl, Salz und Pfeffer mit dem Mixstab zu einer homogenen Sauce verarbeiten. Über die Salatzutaten gießen und alles gut vermischen.

Ergibt 4–6 Portionen

ensalada con gambas
salat mit garnelen

1 große rote Paprikaschote
1 Bund Rucola
4 EL Zitronensaft
5 EL Olivenöl
Salz, frisch gemahlener Pfeffer
1 Msp. Cayennepfeffer
250 g Garnelen
(gegart und geschält)

Die Paprikaschote längs halbieren, von Samen sowie Scheidewänden befreien, waschen und in kleine Würfel schneiden. Rucola von den Stielen befreien und in schmale Streifen schneiden. Zitronensaft, Olivenöl, Salz, Pfeffer und Cayennepfeffer mit dem Mixstab zu einer cremigen Sauce aufschlagen. In einer Schüssel mit Paprikawürfeln, Rucola und Garnelen mischen.

Ergibt 4–6 Portionen

ensalada de atun con arroz
thunfischsalat mit reis

150 g Langkornreis
Salz
2 reife Avocados
Saft von 2 Zitronen
1 kleine Zwiebel
2 Dosen Thunfisch (im eigenen Saft)
5 EL Olivenöl
frisch gemahlener schwarze Pfeffer
1 Msp. Cayennepfeffer

Den Reis in kochendem Salzwasser in ca. 25 Minuten garen. In ein Sieb schütten, kalt abschrecken, abtropfen und auskühlen lassen. In eine Schüssel füllen.
Die Avocados mit einem Sparschäler schälen, längs halbieren und den Kern entfernen. Das Fruchtfleisch klein würfeln und sofort mit etwas Zitronensaft beträufeln, damit es sich nicht verfärbt. Die Zwiebel schälen und fein hacken, den Thunfisch auf einem Sieb abtropfen lassen und mit einer Gabel in kleine Stücke zerteilen. Alles zu dem Reis geben.
Den restlichen Zitronensaft gut mit Olivenöl, Salz, Pfeffer und Cayennepfeffer verrühren. Die Sauce über die Salatzutaten gießen, alles vermischen und etwa 30 Minuten durchziehen lassen. Vor dem Servieren falls nötig nochmals nachwürzen.

Ergibt 4–6 Portionen
Falls die Avocados noch nicht richtig reif sind, einfach in Zeitungspapier wickeln und einige Tage bei Zimmertemperatur nachreifen lassen.

sardinas en adobo
eingelegte sardinen

800 g Sardinen (küchenfertig)
Saft von 1 Zitrone
Salz
frisch gemahlener weißer Pfeffer
2 Knoblauchzehen
1 Thymianzweig
50 ml Sherryessig
200 ml trockener Sherry
1 EL Pfefferkörner
2 Nelken
1 TL Zucker
2 kleine Zwiebeln
1 rote Paprikaschote
3 EL Mehl
5 EL Olivenöl

Die Sardinen kalt abspülen und mit Küchenpapier trockentupfen. Auf eine Platte legen, mit dem Zitronensaft beträufeln, salzen und pfeffern. Knoblauch schälen und darüber pressen. Die Sardinen zugedeckt kalt stellen.

Den Thymian abbrausen, trockentupfen und die Blättchen abzupfen. Den Sherryessig mit dem Sherry und 1/4 Liter Wasser in einen Topf geben. Pfefferkörner, Nelken, Thymian, Zucker und eine Prise Salz zufügen, aufkochen und 5 Minuten köcheln lassen. Die Zwiebeln schälen und in feine Ringe hobeln. Die Paprikaschote längs halbieren, von Samen sowie Scheidewänden befreien, waschen und in kleine Würfel schneiden.

Mit der Zwiebel 5 Minuten in dem Sud ziehen lassen.

Die Sardinen in Mehl wenden. Dann in heißem Olivenöl etwa 5 Minuten goldgelb braten, dabei einmal wenden. Herausnehmen, in eine flache Form legen und mit dem Sud samt Gemüse übergießen. Vor dem Servieren zugedeckt im Kühlschrank mindestens 3 Stunden, am besten aber über Nacht ziehen lassen.

Ergibt 4–6 Portionen

boquerones en vinagre
eingelegte sardellen

600 g frische Sardellen
100 ml Sherryessig
10 Knoblauchzehen
1 Bund glatte Petersilie
Salz
frisch gemahlener schwarzer Pfeffer
300 ml Olivenöl

Ergibt 4–6 Portionen

Die Sardellen entlang dem Bauch aufschlitzen, Gräten von der Schwanzflosse her lockern und samt dem Kopf entfernen. Die Fische gründlich unter fließendem, kaltem Wasser abspülen, trockentupfen, flach drücken und in eine flache Schale legen.
Den Sherryessig mit 300 Millilitern Wasser mischen, über die Sardellen gießen und sie zugedeckt im Kühlschrank 1 – 1 1/2 Stunden ziehen lassen; das Fleisch der Sardellen sollte danach hell sein.
Inzwischen den Knoblauch schälen und fein hacken. Petersilie abbrausen, die Blättchen abzupfen und grob hacken. Die Sardellen aus der Marinade heben und kurz abspülen, die Marinade wegschütten. Die Fische in die Form schichten, dabei jede Lage salzen, pfeffern und mit Knoblauch sowie Petersilie bestreuen. Zum Schluss mit dem Olivenöl übergießen etwa 1 Stunde ziehen lassen.

atun con acaparras
thunfisch mit kapernsauce

350 g frischer Thunfisch
1 Schalotte
4 EL Olivenöl
1 EL Sherryessig
Salz
frisch gemahlener schwarzer Pfeffer
4 TL kleine Kapern

Den Thunfisch für ca. 30 Minuten in das Tiefkühlfach legen. Die Schalotte schälen und fein hacken. Olivenöl kräftig mit Sherryessig, Salz und Pfeffer verrühren.
Die Schalotte und die Kapern in die Sauce einrühren.
Den Thunfisch (am besten mit einer Schneidemaschine) in ganz dünne Scheiben schneiden. Die Fischscheiben auf Tellern anrichten und die Sauce darauf verteilen.

Ergibt 4–6 Portionen

calderata de atun
thunfischragout

1 Zwiebel
2 Knoblauchzehen
1 rote Paprikaschote
1 grüne Paprikaschote
1 frische Chilischote
2 Fleischtomaten
2 EL Olivenöl
200 ml trockener Weißwein
Salz
frisch gemahlener schwarzer Pfeffer
1 EL mildes Paprikapulver
600 g frischer Thunfisch

Die Zwiebel sowie den Knoblauch schälen und fein hacken. Paprikaschoten längs halbieren, von Samen sowie Scheidewänden befreien, waschen und in kleine Würfel schneiden. Die Chilischote entkernen, waschen und in schmale Ringe schneiden. Tomaten blanchieren, häuten, entkernen und in grobe Stücke schneiden.
Das Olivenöl in einem großen Topf erhitzen. Zwiebel und Knoblauch darin andünsten. Paprikawürfel untermischen und bei schwacher Hitze etwa 5 Minuten dünsten. Chiliringe und Tomatenwürfel untermischen. Den Weißwein angießen. Mit Salz, Pfeffer sowie Paprikapulver würzen und etwa 10 Minuten dünsten.
Thunfisch kalt abspülen, mit Küchenpapier trockentupfen, in Würfel schneiden und in den Topf geben. Das Ragout weitere 10 Minuten bei geringer Hitze garen. Zum Schluss nochmals abschmecken und falls nötig nachwürzen.

tomates rellenos con atun
tomaten mit thunfischfüllung

12 kleine Strauchtomaten

Für die Füllung:
1 Dose Thunfisch (im eigenen Saft)
1 Knoblauchzehe
1 Thymianzweig
2 EL Zitronensaft
2 EL Mayonnaise
Salz
frisch gemahlener schwarzer Pfeffer

Die Tomaten vom Stielansatz befreien und jeweils einen Deckel abschneiden. Die Früchte vorsichtig mit einem Teelöffel aushöhlen.
Für die Füllung den Thunfisch in einem Sieb abtropfen lassen. Den Knoblauch schälen. Thymian waschen und die Blättchen abzupfen. Den Thunfisch mit dem Knoblauch, dem Zitronensaft und dem Thymian im Mixer pürieren. Mayonnaise unter das Thunfischpüree mischen, salzen und pfeffern. Das Püree in die Tomaten füllen. Jeweils den passenden Deckel wieder darauf setzen.

Anstelle von Thunfisch können Sie auch geräuchertes Forellenfilet oder Räucherlachs verwenden.

tortilla de atun
thunfischomelett

1 Dose Thunfisch (im eigenen Saft)
Zitronensaft nach Belieben
Salz
frisch gemahlener schwarzer Pfeffer
2 Knoblauchzehen
3 EL Olivenöl
5 Eier

Den Thunfisch abtropfen lassen, in eine Schüssel füllen, mit einer Gabel zerdrücken, mit Zitronensaft beträufeln, salzen und pfeffern. Den Knoblauch schälen, darüber pressen und gut untermischen.
Das Olivenöl in einer Pfanne (von ca. 20 Zentimetern Durchmesser) erhitzen und den Thunfisch kurz darin schwenken. Die Eier in einer Schüssel verquirlen, salzen, pfeffern und gleichmäßig über den Thunfisch gießen. Bei geringer Hitze etwa 5 Minuten stocken lassen. Die Tortilla mit Hilfe eines Tellers wenden und in weiteren 5 Minuten fertig garen. Anschließend auf einen Teller gleiten lassen und in Tortenstücke oder mundgerechte Würfel schneiden. Nach Belieben warm oder kalt servieren.

Ergibt 4–6 Portionen

empanadillas de atun
teigtäschchen mit thunfisch

Für den Teig:
150 g kalte Butter
1/2 TL Salz
250 g Mehl
3 EL Milch

Für die Füllung:
1 Dose Thunfisch (im einen Saft)
80 g mit Paprika gefüllte Oliven
frisch gemahlener schwarzer Pfeffer
1 Msp. Cayennepfeffer
etwa 1 l Olivenöl

Ergibt 12–16 Stück

Für den Teig die Butter in kleine Würfel schneiden und in eine Schüssel geben. Das Salz, das Mehl und die Milch hinzufügen und alles mit den Händen zu einem geschmeidigen Teig verkneten. Zugedeckt etwa 30 Minuten kalt stellen.

Für die Füllung den Thunfisch auf einem Sieb abtropfen lassen und mit einer Gabel zerdrücken. Die Oliven abtropfen lassen und in feine Scheiben schneiden. Mit dem Thunfisch mischen und die Masse mit Pfeffer sowie Cayennepfeffer würzen.

Den Teig auf einer bemehlten Fläche 2 Millimeter dick ausrollen. Mit einem Ausstecher Kreise von etwa 8 Zentimetern Durchmesser ausstechen. Die Füllung darauf verteilen, die Kreise so zusammenklappen, dass halbrunde Täschchen entstehen. Die Ränder mit einer Gabel fest andrücken.

Das Olivenöl in einem Topf erhitzen. Die Täschchen darin portionsweise etwa 3 Minuten goldgelb ausbacken. Herausnehmen und etwas auf Küchenpapier abtropfen lassen.

pescado frito
panierter kabeljau

- 600 g Kabeljaufilet
- 2 EL Sherryessig
- 4 EL Olivenöl
- Salz
- frisch gemahlener Pfeffer
- 3 Knoblauchzehen
- 400 g Fleischtomaten
- 1 Zwiebel
- 2 EL Tomatenmark
- 1 TL mittelscharfes Paprikapulver
- 100 g Mehl
- 150 g Paniermehl
- 1 Ei
- ca. 1 l Olivenöl zum Frittieren

Den Kabeljau kalt abspülen, mit Küchenpapier trockentupfen und in mundgerechte Würfel schneiden. In einer Schüssel den Sherryessig mit 3 Esslöffeln Olivenöl, Salz und Pfeffer verrühren. Den Knoblauch schälen und dazupressen. Die Fischwürfel untermischen und für ca. 30 Minuten zugedeckt kalt stellen.
Die Tomaten blanchieren, häuten, entkernen und klein schneiden. Die Zwiebel schälen und in dem restlichen Olivenöl andünsten. Die Tomaten mit dem Tomatenmark und dem Paprikapulver untermischen und 10 Minuten bei geringer Hitze köcheln lassen. Mit dem Mixstab pürieren, salzen, pfeffern und abkühlen lassen.
Die Fischwürfel aus der Marinade nehmen und mit Küchenpapier trockentupfen. Mehl und Paniermehl auf Tellern verteilen und das Ei in einem weiteren Teller verquirlen. Den Kabeljau im Mehl wenden, durch das Ei ziehen und im Paniermehl wälzen.
Das Olivenöl in einem hohen Topf oder einer Fritteuse erhitzen und die Fischwürfel goldbraun darin frittieren. Mit einem Schaumlöffel herausnehmen, auf Küchenpapier abtropfen lassen und sofort mit der Tomatensauce servieren.

Ergibt 4–6 Portionen

rape en salsa de naranja
seeteufel in orangensauce

1 kleine Zwiebel
4 EL Olivenöl
400 ml frisch gepresster Orangensaft
1 EL unbehandelte Orangenschale
Salz
frisch gemahlener schwarzer Pfeffer
1 Msp. Cayennepfeffer
600 g Seeteufelfilet

Die Zwiebel schälen und fein hacken. In 2 Esslöffeln Olivenöl anschwitzen. Mit dem Orangensaft ablöschen, Orangenschale zufügen und 5 Minuten köcheln lassen. Die Sauce mit Salz, Pfeffer und Cayennepfeffer würzen. Die Seeteufelfilets kalt abspülen, mit Küchenpapier trockentupfen und in mundgerechte Stücke schneiden. Das restliche Olivenöl in einer Pfanne erhitzen und die Filets rundherum kurz darin anbraten, herausheben. Den Fisch in die Sauce einlegen und darin bei sehr geringer Hitze 5 Minuten ziehen lassen. Herausnehmen und sofort servieren.

pinchitos de rape
seeteufelspießchen

2 mittelgroße rote Paprikaschoten
500 g Seeteufel (ohne Haut und Gräten)
5 EL trockener Sherry
5 EL Olivenöl
1 EL Zitronensaft
3 Knoblauchzehen
Salz
frisch gemahlener schwarzer Pfeffer
8 Zahnstocher

Den Backofen auf 250 °C vorheizen. Paprikaschoten längs halbieren, von Samen sowie Scheidewänden befreien und abbrausen. Mit der Hautseite nach oben auf den Backofenrost legen (mittlere Schiene). Schoten garen, bis die Haut dunkelbraun wird und Blasen wirft; das dauert etwa 20 Minuten, bei eingeschaltetem Grill nur 10 Minuten. Paprikaschoten etwas abkühlen lassen und häuten. Längs in ca. 1 1/2 Zentimeter breite Streifen schneiden.

Den Seeteufel kalt abspülen, mit Küchenpapier trockentupfen und in Würfel von 2 Zentimetern Kantenlänge schneiden. Die Paprikastreifen aufrollen und abwechselnd mit den Fischwürfeln auf die Zahnstocher stecken. Sherry mit 4 Esslöffeln Olivenöl und dem Zitronensaft verrühren. Knoblauch schälen und dazupressen, mit Salz und Pfeffer würzen. Die Spießchen in eine Schale legen und mit der Marinade übergießen.

Im Kühlschrank 30 Minuten ziehen lassen. Die Spießchen aus der Marinade nehmen, mit Küchenpapier trockentupfen und im restlichen Olivenöl ca. 7 Minuten braten. Mit der Marinade übergießen und servieren.

Muscheln auf Matrosenart
Rezept S. 56

Panierter Kabeljau
Rezept S. 46

Knoblauchgarnelen
Rezept S. 54

merluza en salsa de alcaparras
seehecht mit kapern

- 4 Scheiben Seehecht (je ca. 150 g)
- 2 EL Olivenöl
- Salz
- frisch gemahlener schwarzer Pfeffer
- 200 ml trockener Weißwein
- 1 kleine Zwiebel
- 1 Knoblauchzehe
- 100 g geschälte Mandeln
- 100 g Kapern

Den Backofen auf 180 °C vorheizen. Fisch unter kaltem Wasser abspülen, trockentupfen und in mundgerechte Stücke schneiden. Eine Gratinform mit dem Olivenöl auspinseln. Den Seehecht hineinlegen, salzen, pfeffern und mit Weißwein begießen. Zugedeckt etwa 15 Minuten im Backofen (mittlere Schiene) garen.
Den Fisch herausnehmen und warm halten, den Sud beiseite stellen. Inzwischen die Zwiebel sowie den Knoblauch schälen und in grobe Stücke schneiden.
Die Mandeln in einer Pfanne ohne Zugabe von Fett goldgelb rösten. Mit Zwiebel, Knoblauch und der Hälfte der Kapern im Mixer pürieren. Diese Paste in einem Topf mit dem Fischsud verrühren, aufkochen lassen, mit Salz und Pfeffer würzen.
Den Fisch in Schälchen anrichten und mit der Sauce überziehen. Mit den restlichen Kapern bestreuen und servieren.

Ergibt 4–6 Portionen

pinchitos de pimientos
paprika-oliven-spießchen

3 große rote Paprikaschoten
Salz
frisch gemahlener schwarzer Pfeffer
1 Prise scharfes Paprikapulver
3 Knoblauchzehen
1/2 Bund glatte Petersilie
6 Sardellenfilets
100 g entsteine grüne Oliven
Zahnstocher

Den Backofen auf 250 °C vorheizen. Paprikaschoten längs halbieren, von Samen sowie Scheidewänden befreien und waschen. Mit der Hautseite nach oben auf den Backofenrost legen (mittlere Schiene).
Garen, bis die Haut dunkelbraun wird und Blasen wirft; das dauert etwa 20 Minuten, bei eingeschaltetem Grill 10 Minuten.
Paprikaschoten etwas abkühlen lassen und häuten.
In etwa 3 Zentimeter breite Längsstreifen schneiden, beidseitig mit Salz, Pfeffer und Paprika würzen.
Den Knoblauch schälen, die Petersilie abbrausen und die Blättchen abzupfen. Zusammen mit dem Knoblauch und den Sardellenfilets fein hacken.
Paprikastreifen mit der Paste bestreichen und zusammenrollen. Die Röllchen mit den Oliven auf Zahnstocher stecken.

Ergibt 4–6 Portionen

boquerones fritos
frittierte sardellen

500 g möglichst kleine Sardellen (frisch oder tiefgekühlt)
Salz
frisch gemahlener schwarzer Pfeffer
8 EL Mehl
1/2 - 1 l Olivenöl zum Frittieren
1 unbehandelte Zitrone

Tiefgekühlte Sardellen auftauen lassen. Jeweils den Kopf abschneiden, die Fische entlang dem Bauch aufschneiden und ausnehmen. Sorgfältig unter fließendem Wasser abspülen und mit Küchenpapier trockentupfen.
Die Sardellen innen mit Salz und Pfeffer würzen. In Mehl wenden und es etwas andrücken. Die Fische leicht schütteln, um sie vom überschüssigen Mehl zu befreien.
Das Olivenöl in einem großen Topf oder einer Fritteuse erhitzen und die Fische portionsweise darin knapp 5 Minuten goldbraun frittieren. Mit einer Schaumkelle herausnehmen und kurz auf Küchenpapier abtropfen lassen. Die Zitrone längs achteln und zu den Sardellen servieren.

Ergibt 4–6 Portionen

salmon con serrano
lachs mit serrano-schinken

600 g Lachsfilet
Saft von 1/2 Zitrone
Salz
100 g Serrano-Schinken
(in dickeren Scheiben)
6 EL Mehl
4 EL Olivenöl
200 ml Cidre
frisch gemahlener schwarzer Pfeffer

Den Lachs kalt abspülen und mit Küchenpapier trockentupfen. In mundgerechte Würfel schneiden, mit Zitronensaft beträufeln, leicht salzen und etwa 15 Minuten ziehen lassen. Den Schinken in feine Würfel schneiden. Das Mehl auf einen Teller geben und die Lachswürfel darin wenden. Das Olivenöl in einer großen Pfanne erhitzen und den Lachs etwa 5 Minuten darin braten. Herausnehmen und warm stellen. Die Schinkenwürfel in die Pfanne geben und kurz anbraten. Den Bratsatz mit Cidre ablöschen, um etwa ein Drittel einkochen, salzen und pfeffern. Die Lachswürfel in Schälchen verteilen und mit der Sauce übergießen. Sofort servieren.

Ergibt 4–6 Portionen

langostinos a la plancha
gegrillte langostinos

4 Knoblauchzehen
6 EL Olivenöl
2 EL Zitronensaft
Salz
frisch gemahlener schwarzer Pfeffer
12 frische Langostinos

Den Knoblauch schälen und in eine Schüssel pressen. Olivenöl, Zitronensaft, Salz und Pfeffer unterrühren. Die Langostinos entlang dem Bauch so aufschlitzen, dass die beiden Hälften noch zusammenhängen. Dann mit der Schnittfläche nach oben auf eine Platte legen, mit dem Würzöl beträufeln und zugedeckt im Kühlschrank ca. 1 Stunde ziehen lassen. Die Langostinos im auf 250 °C vorgeheizten Backofen oder auf dem Grill 3–5 Minuten garen.

Ergibt 4–6 Portionen

gambas al ajillo
knoblauchgarnelen

400 g frische Garnelen
8 Knoblauchzehen
2-3 getrocknete Chilischoten
250 ml Olivenöl
Salz
frisch gemahlener Pfeffer

Die Garnelen aus den Schalen lösen. Kalt abspülen und mit Küchenpapier trockentupfen. Knoblauchzehen schälen und in dünne Scheiben schneiden. Die Chilischoten zerdrücken.
Das Olivenöl in einer Pfanne oder vier Portionspfännchen stark erhitzen. Chilischoten, Knoblauch und Garnelen hineingeben, leicht salzen, pfeffern und knapp 5 Minuten bei starker Hitze braten. Sofort servieren.

Ergibt 4–6 Portionen
Knoblauchgarnelen gehören zu den beliebtesten und bekanntesten Tapas. Sie werden immer frisch zubereitet in kleinen Pfännchen oder Keramikförmchen serviert.

gambas al vino blanco
garnelen in weißweinsauce

500 g frische Garnelen
1 kleine Zwiebel
1 Knoblauchzehe
2 EL Olivenöl
1 TL Mehl
300 ml trockener Weißwein
1/2 Bund glatte Petersilie
Salz
frisch gemahlener schwarzer Pfeffer
Zitronensaft nach Belieben

Die Garnelen in kochendem Salzwasser ca. 3 Minuten garen, kalt abschrecken und aus den Schalen lösen. Zwiebel und Knoblauch schälen, fein hacken und in Olivenöl weich dünsten. Mehl darüber stäuben und kurz mitschwitzen. Mit dem Weißwein ablöschen, aufkochen und in ca. 5 Minuten um ein Drittel reduzieren.
Die Petersilie abbrausen, die Blättchen abzupfen und nicht zu fein hacken. Die Weißweinsauce mit Salz, Pfeffer, Zitronensaft und Petersilie würzen. Die Garnelen in der Sauce knapp 5 Minuten erwärmen und servieren.

gambas en gabardina con aioli
frittierte garnelen mit knoblauchmayonnaise

500 g frische Garnelen
Salz

Für den Teig:
2 Eier
150 g Mehl
100 ml trockener Sherry
ca. 1 l Öl zum Frittieren

Für die Knoblauchmayonnaise:
2 Eigelb
1 Prise Salz
1 EL Zitronensaft
2 Knoblauchzehen
200 ml Olivenöl
frisch gemahlener schwarzer Pfeffer

Für die Mayonnaise Eigelbe, Salz sowie Zitronensaft verrühren und etwas ruhen lassen. Den Knoblauch schälen und dazupressen. Das Olivenöl zunächst tropfenweise, dann in dünnem Strahl dazugießen, dabei mit dem Handrührer ständig schlagen, bis eine Mayonnaise von cremiger Konsistenz entstanden ist. Salzen, pfeffern und zugedeckt kalt stellen.
Die Garnelen bis auf das letzte Glied schälen. Kalt abspülen, mit Küchenpapier trockentupfen, auf eine Platte legen und leicht salzen.
Für den Teig die Eier verquirlen, erst das Mehl, dann den Sherry untermischen. Das Öl in einer Fritteuse oder in einem hohen Topf erhitzen. Die Garnelen durch den Teig ziehen und in dem heißen Öl in ca. 3 Minuten goldgelb frittieren. Kurz auf Küchenpapier abtropfen lassen und mit der Knoblauchmayonnaise servieren.

Die Mayonnaise schmeckt zu ausgebackenem Fisch aller Art köstlich.

tortilla de gambas
garnelenomelett

250 g Tiefseegarnelen (gegart und geschält)
3 EL Zitronensaft
Salz
1 Knoblauchzehe
6 Eier
frisch gemahlener schwarzer Pfeffer
4 EL Olivenöl

Die Garnelen in eine Schüssel füllen, mit Zitronensaft beträufeln und salzen. Den Knoblauch schälen, darüber pressen und untermischen. Die Eier in einer Schüssel verquirlen, mit Salz und Pfeffer würzen.
Die Hälfte des Olivenöls in einer Pfanne (von etwa 20 Zentimetern Durchmesser) erhitzen und die Garnelen kurz darin schwenken. Die Eier darüber gießen und bei geringer Hitze etwa 5 Minuten stocken lassen. Die Tortilla auf einen Teller gleiten lassen. Das restliche Olivenöl in der Pfanne erhitzen, die Tortilla umgedreht wieder hineingeben und weitere 8 Minuten garen. Anschließend auf einen Teller gleiten lassen und in Tortenstücke oder mundgerechte Würfel schneiden. Warm oder kalt servieren.

Ergibt 4–6 Portionen

Diese Tortilla kann man sehr gut vorbereiten, sie hält sich gut einen Tag im Kühlschrank.

mejillones a la marinera
muscheln auf matrosenart

1 kg Miesmuscheln
1 kleine Zwiebel
2 Knoblauchzehen
2 EL Olivenöl
250 ml trockener Sherry
1 Lorbeerblatt
1 Thymianzweig
Salz
frisch gemahlener Pfeffer

Die Muscheln sorgfältig unter fließendem kaltem Wasser abbürsten. Offene Exemplare wegwerfen. Die Zwiebel sowie den Knoblauch schälen und fein hacken.
Das Olivenöl in einem großen Topf erhitzen, die Zwiebel und den Knoblauch darin bei geringer Hitze anschwitzen. Mit dem Sherry ablöschen, Lorbeerblatt und Thymian einlegen, salzen und pfeffern. Aufkochen und die Muscheln in den Topf geben. Nicht ganz zugedeckt bei starker Hitze knapp 10 Minuten garen. Die Muscheln mit einem Schaumlöffel herausheben, geschlossene Exemplare wegwerfen. Die übrigen Muscheln mit der Sauce anrichten.

Ergibt 4–6 Portionen

mejillones gratinatas
gratinierte muscheln

1 kg Miesmuscheln
1 Zwiebel
5 EL Olivenöl
3 Knoblauchzehen
250 ml Weißwein
Salz
frisch gemahlener schwarzer Pfeffer
50 g entsteinte grüne Oliven
2 EL Semmelbrösel

Die Muscheln sorgfältig unter fließendem kaltem Wasser abbürsten, offene Exemplare wegwerfen. Zwiebel schälen und fein hacken. 3 Esslöffel Olivenöl in einem großen Topf erhitzen und die Zwiebel darin anschwitzen. Den Knoblauch schälen und dazupressen. Mit dem Weißwein ablöschen und die Muscheln dazugeben. Im geschlossenen Topf 5–8 Minuten garen, bis sich die Schalen geöffnet haben. Noch geschlossene Exemplare danach wegwerfen. Backofen auf 220 °C vorheizen.
Das Muschelfleisch jeweils in einer Schalenhälfte belassen oder vollständig auslösen und in kleine Gratinförmchen legen, salzen und pfeffern. Die Oliven fein hacken, mit den Semmelbröseln sowie dem restlichen Olivenöl mischen und über die Muscheln verteilen. Überbacken, bis die Oberfläche leicht zu bräunen beginnt; das dauert im Backofen etwa 5 Minuten, bei eingeschaltetem Grill 1–2 Minuten.

Ergibt 4–6 Portionen

almejas con tomate
herzmuscheln mit tomate

1 kleine Zwiebel
2 Knoblauchzehen
2 EL Olivenöl
1 große Fleischtomate
300 ml trockener Weißwein
1 Lorbeerblatt
Salz
frisch gemahlener schwarzer Pfeffer
1 kg Herzmuscheln
1/2 Bund glatte Petersilie

Zwiebel sowie Knoblauch schälen und fein hacken. Das Olivenöl in einem großen Topf erhitzen und beides darin andünsten.
Die Fleischtomate blanchieren, häuten, entkernen, klein schneiden und in den Topf geben. Mit Weißwein aufgießen. Lorbeerblatt einlegen, salzen und pfeffern. Im offenen Topf bei schwacher Hitze etwa 10 Minuten schmoren. Inzwischen die Muscheln sorgfältig unter fließendem kaltem Wasser abbürsten. Schon geöffnete Exemplare wegwerfen. Die Muscheln in den Topf geben und bei starker Hitze zugedeckt ca. 8 Minuten garen, dabei wiederholt am Topf rütteln. Noch geschlossene Exemplare danach wegwerfen. Die Petersilie abbrausen, die Blättchen abzupfen, fein hacken und vor dem Servieren untermischen.

Ergibt 4–6 Portionen
Auf die gleiche Weise können auch andere Muschelsorten zubereitet werden.

vieiras con salsa
jakobsmuscheln mit salsa

8 Jakobsmuscheln
Saft von 1/2 Zitrone
1 kleine Zwiebel
2 Fleischtomaten
1 grüne Paprikaschote
4 EL Olivenöl
Salz
frisch gemahlener Pfeffer
1/2 TL mittelscharfes Paprikapulver

Die Jakobsmuscheln kalt abwaschen, trockentupfen und auf eine Platte legen. Mit dem Zitronensaft beträufeln und kalt stellen. Die Zwiebel schälen und fein hacken. Tomaten blanchieren, häuten und entkernen. Die Paprikaschote halbieren, von Samen sowie Scheidewänden befreien und wie die Tomaten fein würfeln.
2 Esslöffel Olivenöl in einer Pfanne erhitzen und die Zwiebel anschwitzen. Tomaten- und Paprikawürfel dazu geben und 5 Minuten bei geringer Hitze mitschwitzen. Mit Salz, Pfeffer und Paprika würzen.
Das restliche Olivenöl in einer zweiten Pfanne erhitzen und die Jakobsmuscheln 3 Minuten von beiden Seiten anbraten, salzen und pfeffern. Die Salsa auf kleinen Tellern verteilen und die Jakobsmuscheln darauf anrichten.

calamares rellenos
gefüllte tintenfische

4 kleine Tintenfische (je etwa 180 g)
Zitronensaft nach Belieben
Salz
4 Zahnstocher
2 EL Olivenöl
1 Zwiebel
500 g Fleischtomaten
frisch gemahlener schwarzer Pfeffer
1/2 Bund glatte Petersilie

Für die Füllung:
1 Zwiebel
1/2 Bund glatte Petersilie
1 EL Olivenöl
250 g Hackfleisch vom Kalb
1 Eigelb
Salz
frisch gemahlener schwarzer Pfeffer
1 Prise scharfes Paprikapulver
1 TL unbehandelte Zitronenschale

Die Tintenfische kalt abspülen und mit Küchenpapier trockentupfen. Mit Zitronensaft beträufeln, salzen und zugedeckt kühl stellen.
Für die Füllung die Zwiebel schälen und fein hacken. Die Petersilie abbrausen, die Blättchen abzupfen und ebenfalls fein hacken. Mit der gehackten Zwiebel in 1 Esslöffel heißem Olivenöl anschwitzen, abkühlen lassen. Mit dem Hackfleisch sowie dem Eigelb vermischen und mit Salz, Pfeffer, Paprika sowie Zitronenschale würzen. Die Tintenfische gleichmäßig mit der Mischung füllen. Die Öffnung jeweils mit einem Zahnstocher zustecken.
2 Esslöffel Olivenöl erhitzen und die gefüllten Tintenfische rundherum darin anbraten. Herausnehmen und zugedeckt warm stellen.
Die Zwiebel längs vierteln und in schmale Streifen schneiden. Tomaten blanchieren, häuten, entkernen, das Fruchtfleisch in grobe Stücke schneiden. Zwiebel in die Pfanne geben und in dem verbliebenen Öl glasig dünsten. Tomaten zufügen, salzen, pfeffern und alles 5 Minuten köcheln lassen. Tintenfische wieder einlegen und zugedeckt bei geringer Hitze 25 Minuten garen. Petersilie abbrausen, die Blättchen abzupfen und ebenfalls fein hacken. Die Sauce abschmecken und die Petersilie untermischen. Die Tintenfische in der Sauce anrichten.

fleisch

Fleischgerichte liebt man in Spanien sehr, sie haben eine lange Tradition. Rind-, Schweine- oder Lammfleisch werden hier fantasievoll, oft in leckeren Saucen zubereitet. Herzhafte Würste, wie „chorizo", eine pikante Paprikawurst, oder „lomo embuchado", würzige, getrocknete Schweinelende, bekommt man mittlerweile auch bei uns in gut sortierten Geschäften. Am berühmtesten ist aber der luftgetrocknete Serrano-Schinken, der frisch geschnitten, mit einem Stück Brot und einem kühlen Sherry serviert, ein großer Genuss ist.

pollo en salsa picante
hähnchen in scharfer sauce

1 Zwiebel, 2 Knoblauchzehen, 1 rote Paprikaschote, 4 Hähnchenbrustfilets (je ca. 125 g), 3 EL Olivenöl, Salz, frisch gemahlener schwarzer Pfeffer, 2 EL Tomatenmark, 1/4 l Hühnerbrühe, 1/2 TL mittelscharfes Paprikapulver, 1 kleines Glas mit Paprika gefüllte Oliven (100 g)

Die Zwiebel sowie den Knoblauch schälen und fein hacken.
Die Paprikaschote längs halbieren, von Samen sowie Scheidewänden befreien, waschen und in kleine Würfel schneiden. Die Hähnchenbrustfilets in mundgerechte Stücke schneiden.
Das Olivenöl in einer großen Pfanne erhitzen und die Filets rundherum darin anbraten, salzen und pfeffern. Herausnehmen und beiseite stellen. In dem verbliebenen Olivenöl Zwiebel, Knoblauch und Paprika andünsten. Das Tomatenmark unterrühren und die Hühnerbrühe dazugießen. Aufkochen und 10 Minuten bei geringer Hitze köcheln lassen. Mit Salz, Pfeffer und Paprika würzen. Inzwischen die Oliven abgießen und in Scheiben schneiden. Zusammen mit den Hähnchenstücken in die Sauce geben und 10 Minuten ziehen lassen.

Ergibt 4–6 Portionen
Man kann dieses Gericht auch sehr gut mit Hähnchenflügeln zubereiten, dann verlängert sich die Garzeit allerdings um ca. 10 Minuten.

Schweinelende mit Zucchini
Rezept S. 74

Fleischspieße
maurische Art
Rezept S. 75

Hähnchen in
Zitronensauce
Rezept S. 66

croquetas de pollo
hähnchenkroketten

1 EL Olivenöl
2 Hähnchenbrustfilets (je etwa 250 g)
Salz
frisch gemahlener Pfeffer
1 Knoblauchzehe
2 EL Butter
2 EL Mehl
1/4 l Milch
1 Prise frisch geriebene Muskatnuss
1 Ei
Mehl zum Wenden
50 g Paniermehl
Olivenöl zum Frittieren

Das Olivenöl in einer Pfanne erhitzen und die Hähnchenfilets etwa 5 Minuten von beiden Seiten darin braten, salzen und pfeffern. Den Knoblauch schälen und darüber pressen. Filets herausnehmen und abkühlen lassen. Anschließend im Cutter fein zerkleinern.
Die Butter in einem Topf zerlassen, mit den 2 Esslöffeln Mehl bestäuben und goldgelb anschwitzen. Die Milch langsam dazugießen, dabei ständig mit dem Schneebesen rühren, damit keine Klümpchen entstehen. Die Sauce in knapp 10 Minuten dick einkochen lassen, währenddessen wiederholt umrühren.
Die Hähnchenmasse unterrühren, kräftig mit Salz, Pfeffer und Muskat würzen. Abkühlen lassen und zugedeckt etwa 30 Minuten in den Kühlschrank stellen.
Aus der Masse mit bemehlten Händen 12–16 Kroketten formen. Das Ei in einem Teller verquirlen, Mehl und Paniermehl in zwei weitere Teller füllen. Die Hähnchenmasse erst im Mehl, dann im Ei und zuletzt im Paniermehl wenden.
Das Frittieröl in einem Topf oder in einer Fritteuse erhitzen und die Kroketten darin portionsweise in etwa 3 Minuten goldgelb frittieren. Auf Küchenpapier abtropfen lassen und warm oder kalt servieren.

Ergibt 4–6 Portionen
Kroketten sind in Spanien auch in vielen anderen Varianten beliebt: z. B. mit Käse, Fisch, Krabben oder Schinken.

pollo a la granadina
hähnchen auf granada-art

2 rote Paprikaschoten
1 große Zwiebel
1 Knoblauchzehe
1 Hähnchen von 1,2 kg
3 EL Olivenöl
Salz
frisch gemahlener schwarzer Pfeffer
3 EL Tomatenmark
150 ml trockener Weißwein

Den Backofen auf 250 °C vorheizen. Die Paprikaschoten längs halbieren und von Samen sowie Scheidewänden befreien. Mit der Hautseite nach oben auf den Backofenrost legen (mittlere Schiene).
Garen, bis die Haut dunkelbraun wird und Blasen wirft; das dauert ca. 20 Minuten, bei eingeschaltetem Grill nur 10 Minuten. Die Paprikaschoten häuten und das Fruchtfleisch in schmale Streifen schneiden.
Die Temperatur des Backofens auf 200 °C zurückschalten.
Die Zwiebel sowie den Knoblauch schälen und fein hacken. Das Hähnchen waschen, trockentupfen und in Stücke zerteilen. Das Olivenöl in einem Bräter erhitzen und das Geflügel rundherum kräftig darin anbraten, salzen, pfeffern und herausnehmen.
Im verbliebenen Olivenöl Zwiebel sowie Knoblauch hellbraun anbraten. Das Tomatenmark unterrühren und mit Weißwein ablöschen. Die Paprikastreifen dazugeben. Die Hähnchenteile einlegen und zugedeckt etwa 25 Minuten schmoren.

Ergibt 4–6 Portionen

pollo en salsa de limon
hähnchen in zitronensauce

1 kleine Zwiebel
4 Hähnchenbrustfilets (je 120 g)
3 EL Olivenöl
Salz, frisch gemahlener Pfeffer
1 Prise Zucker
Saft von 1 Zitrone
1/4 l Hühnerbrühe
1 TL unbehandelte Zitronenschale
1 Msp. Cayennepfeffer

Ergibt 4–6 Portionen

Die Zwiebel schälen und fein hacken. Die Hähnchenfilets in mundgerechte Stücke schneiden und in dem Olivenöl 5 Minuten kräftig anbraten. Mit Salz, Pfeffer sowie Zucker würzen und herausnehmen.
Im verbliebenen Olivenöl die Zwiebel anschwitzen.
Mit dem Zitronensaft und der Hühnerbrühe ablöschen.
Zitronenschale dazugeben und alles 3 Minuten köcheln lassen, mit Salz, Pfeffer und Cayennepfeffer würzen.
Die Hähnchenstücke wieder in die Sauce einlegen und darin zugedeckt knapp 10 Minuten ziehen lassen.
Warm oder in der Marinade abgekühlt servieren.

zitronen

Die Mauren brachten den Zitronenbaum aus Asien nach Europa, wo er sich dem mediterranen Klima anpasste. In Spanien werden Zitronen vorwiegend in den Regionen Valencia, Murcia und Andalusien angebaut. Der Zitronenbaum wird 3–6 Meter hoch, trägt immergrüne Blätter und stark duftende Blüten. Wichtiger Bestandteil der Zitrone ist Vitamin C (60 Milligramm pro 100 Milliliter Saft), das die Abwehrkräfte stärkt und den Stoffwechsel unterstützt. Die Zitrusfrüchte sind aus der spanischen Küche nicht wegzudenken.

higado de pollo en salsa de jerez
hühnerleber in sherrysauce

1 mittelgroße Zwiebel
3 Knoblauchzehen
500 g Hühnerleber
4 EL Olivenöl
Salz
frisch gemahlener schwarzer Pfeffer
1 EL Mehl
200 ml trockener Sherry
150 ml Hühnerbrühe
1 Lorbeerblatt
1 Thymianzweig
1/2 Bund glatte Petersilie

Die Zwiebel schälen und fein hacken. Die Knoblauchzehen schälen und in dünne Scheiben schneiden.
Die Hühnerleber in ihre natürlichen Hälften teilen.
2 Esslöffel Olivenöl in einer großen Pfanne erhitzen, die Leber darin portionsweise rundherum anbraten, salzen und pfeffern. Herausnehmen und beiseite stellen. Das restliche Olivenöl in die Pfanne geben. Zwiebelwürfel und Knoblauchscheiben darin bei geringer Hitze anschwitzen. Das Mehl unterrühren und köcheln lassen. Den Sherry und die Hühnerbrühe angießen. Das Lorbeerblatt sowie den Thymianzweig einlegen und die Sauce etwas einkochen lassen.
Mit Salz und Pfeffer würzen.
Die Leber wieder in die Sauce einlegen und etwa 5 Minuten darin erwärmen. Lorbeerblatt und Thymian aus der Sauce entfernen. Die Petersilie abbrausen, die Blättchen abzupfen, nicht zu fein hacken und untermischen. Sofort servieren, damit die Leber zart bleibt.

Ergibt 4–6 Portionen

pavo con romero y alcaparas
pute mit rosmarin und kapern

- 4 dünne Putenschnitzel (von je 100 g)
- 4 EL Olivenöl
- Salz
- frisch gemahlener schwarzer Pfeffer
- 3 Knoblauchzehen
- 2 TL Rosmarinnadeln, grob gehackt
- 3 EL kleine Kapern
- Saft von 1/2 Zitrone

Die Putenschnitzel in breite Streifen schneiden. Das Olivenöl in einer Pfanne erhitzen und das Fleisch darin 5 Minuten kräftig anbraten, salzen und pfeffern. Herausnehmen und auf einer Platte verteilen. Den Knoblauch schälen, in dünne Scheiben schneiden und im verbliebenen Öl goldgelb andünsten. Den Rosmarin sowie die Kapern dazugeben und untermischen. Den Zitronensaft dazugießen, salzen und pfeffern. Die Putenstreifen mit der Sauce übergießen und mindestens 20 Minuten ziehen lassen. Schmeckt lauwarm und kalt sehr fein.

Ergibt 4–6 Portionen

Wenn man das Gericht schon am Vortag zubereitet und es über Nacht im Kühlschrank durchziehen lässt, wird das Aroma noch intensiver.

higado de pavo con aceitunas
putenleber mit oliven

- 6 Knoblauchzehen
- 500 g Putenleber
- 4 EL Olivenöl
- Salz
- frisch gemahlener schwarzer Pfeffer
- 1 EL Mehl
- 100 ml trockener Sherry
- 250 ml Hühnerbrühe
- 1 Lorbeerblatt
- 100 g grüne entsteinte Oliven

Ergibt 4–6 Portionen

Den Knoblauch schälen und in dünne Scheiben schneiden. Die Putenleber in ihre natürlichen Hälften teilen. 2 Esslöffel Olivenöl in einer großen Pfanne erhitzen und die Leber darin rundherum anbraten. Mit Salz und Pfeffer würzen, herausnehmen und beiseite stellen. Das restliche Olivenöl in der Pfanne erhitzen und die Knoblauchscheiben darin braten. Mit Mehl bestäuben und köcheln lassen. Mit dem Sherry und der Hühnerbrühe ablöschen. Das Lorbeerblatt dazugeben und die Sauce 5 Minuten köcheln lassen. Mit Salz und Pfeffer würzen. Das Lorbeerblatt entfernen. Die Oliven längs halbieren und mit der Putenleber etwa 8 Minuten bei geringer Hitze in der Sauce erwärmen.

pato en salsa de pasas
ente in rosinensauce

- 50 g Rosinen
- 150 ml Amontillado
- 2 EL Sherryessig
- 2 Entenbrustfilets (je ca. 300 g)
- Salz
- frisch gemahlener schwarzer Pfeffer
- 2 EL Olivenöl
- 2 kleine Zwiebeln
- 150 ml Hühnerbrühe
- 1 Thymianzweig
- 1 Lorbeerblatt

Die Rosinen mit Amontillado und Sherryessig in einer kleinen Schüssel ziehen lassen. Entenbrustfilets kalt abspülen, mit Küchenpapier trockentupfen und rundherum mit Salz und Pfeffer einreiben. In Olivenöl 15 Minuten braten, herausnehmen und ruhen lassen. Die Hälfte des Öls abgießen. Die Zwiebeln schälen, fein hacken und im restlichen Olivenöl goldgelb andünsten. Marinierte Rosinen, Hühnerbrühe, Thymianzweig und Lorbeerblatt dazugeben. Zugedeckt bei schwacher Hitze etwa 15 Minuten köcheln lassen. Lorbeerblatt sowie Thymian entfernen, die Sauce mit Salz und Pfeffer würzen. Die Entenbrust in Scheiben schneiden und 5 Minuten in der Sauce erwärmen.

estofado de pato
entenragout

- 3 Entenkeulen (je ca. 300 g)
- 1 größere Zwiebel
- 3 Knoblauchzehen
- 1 große rote Paprikaschote
- 3 EL Olivenöl
- Salz
- frisch gemahlener schwarzer Pfeffer
- 1 EL mittelscharfes Paprikapulver
- 1 Prise Kreuzkümmel
- 1 Lorbeerblatt
- 150 ml Amontillado
- 100 ml Hühnerbrühe
- 100 g entsteinte grüne Oliven
- 2 EL Sherryessig

Die Entenkeulen häuten, das Fleisch von den Knochen lösen und in Würfel schneiden. Zwiebel sowie den Knoblauch schälen und fein hacken. Die Paprikaschote längs halbieren, von Samen sowie Scheidewänden befreien, waschen und klein würfeln.
Das Olivenöl in einem breiten Topf erhitzen und das Entenfleisch darin rundherum anbraten. Zwiebel, Knoblauch und Paprikawürfel zugeben und mitdünsten. Mit Salz, Pfeffer, Paprika, Kreuzkümmel und Lorbeerblatt würzen. Den Sherry und die Hühnerbrühe angießen. Zugedeckt bei geringer Hitze 45 Minuten schmoren. Nach 30 Minuten die Oliven grob gehackt untermischen. Das Entenragout mit Salz, Pfeffer und Sherryessig würzen.

Ergibt 4–6 Portionen

cordonizes en salsa de tomate
wachteln in tomatensauce

- 1 große Fleischtomate
- 1 Zwiebel
- 2 Knoblauchzehen
- 4 EL Olivenöl
- 2 EL Kapern
- Salz
- frisch gemahlener schwarzer Pfeffer
- 4 Wachteln
- 1 Msp. Cayennepfeffer

Die Fleischtomate blanchieren, häuten, entkernen und klein schneiden. Zwiebel sowie Knoblauch schälen, fein hacken und in 2 Esslöffeln Olivenöl andünsten. Tomate sowie Kapern dazugeben und 5 Minuten bei sehr geringer Hitze mitdünsten, salzen und pfeffern. Schenkel und Brüste der Wachteln mit einem scharfen Messer auslösen und in dem restlichen Olivenöl ca. 8 Minuten anbraten. Mit Salz, Pfeffer sowie Cayennepfeffer würzen und mit der Sauce servieren.

Ergibt 6–8 Portionen

lomo de cerdo en adobo
mariniertes schweinefilet

2 Knoblauchzehen
1/2 TL Oregano
1 EL mildes Paprikapulver
7 EL Olivenöl
3 EL trockener Sherry
Salz
frisch gemahlener schwarzer Pfeffer
1 Prise Kreuzkümmel
600 g Schweinefilet
1 Fleischtomate
1 kleine Zwiebel
1/2 Bund glatte Petersilie
Saft von 1/2 Zitrone

Den Knoblauch schälen und in eine Schüssel pressen. Oregano, Paprikapulver, 3 Esslöffel Olivenöl sowie Sherry dazugeben und mischen, mit Salz, Pfeffer und Kreuzkümmel würzen. Das Schweinefilet in 1 Zentimeter dicke Scheiben schneiden und mit den Zutaten in der Schüssel vermischen. Zugedeckt 1 Stunde kühl stellen. Die Fleischtomate blanchieren, häuten, entkernen und in kleine Würfel schneiden. Zwiebel schälen und fein hacken. Petersilie abbrausen, die Blättchen abzupfen und nicht zu fein hacken. Mit Tomate, Zwiebel, Zitronensaft und 2 Esslöffeln Olivenöl mischen. Das Fleisch aus der Marinade heben. Das restliche Olivenöl in einer beschichteten Pfanne erhitzen und das Fleisch darin 5 Minuten von beiden Seiten kräftig braten oder auf dem Grill garen. Die Marinade mit der Tomatenmischung vermengen. Das Fleisch auf einer Platte anrichten und die Mischung darauf verteilen. Schmeckt warm und kalt.

Ergibt 4–6 Portionen

estofado de cerdo con cebollas
ragout vom schwein mit zwiebeln

500 g Schweinefilet
4 kleine Zwiebeln
50 g Räucherspeck
2 EL Olivenöl
Salz
frisch gemahlener schwarzer Pfeffer
1 EL Mehl
1/4 l Fleischbrühe
100 ml Oloroso
1 Prise Kreuzkümmel
1 Prise mittelscharfes Paprikapulver

Das Filet in Scheiben schneiden und etwas flach drücken. Die Zwiebeln schälen und wie den Speck in kleine Würfel schneiden. Das Olivenöl in einer breiten Pfanne erhitzen und die Schweinemedaillons auf jeder Seite etwa 3 Minuten anbraten, salzen, pfeffern und herausnehmen. Die Speckwürfel mit den Zwiebeln im verbliebenen Öl 5 Minuten anbraten. Das Mehl darüber stäuben und unterrühren. Die Fleischbrühe und den Oloroso angießen, kurz aufkochen und 15 Minuten zugedeckt bei geringer Hitze köcheln lassen. Die Sauce mit Salz, Pfeffer, Kreuzkümmel und Paprikapulver würzen. Die Schweinemedaillons wieder in die Sauce einlegen und 8–10 Minuten darin erwärmen.

Ergibt 4–6 Portionen
Lässt sich gut vorbereiten und kurz vor dem Servieren erwärmen.

pinchos morunos
fleischspieße maurische art

600 g Schweinefilet
1 TL Kreuzkümmel
1 Prise scharfes Paprikapulver
2 EL mildes Paprikapulver
Salz
frisch gemahlener schwarzer Pfeffer
4 EL Olivenöl
8 Schaschlikspieße

Das Schweinefilet in 2 Zentimeter große Würfel schneiden. Kreuzkümmel, Paprikapulver, Salz, Pfeffer und Olivenöl in einer großen Schüssel verrühren. Die Fleischwürfel gründlich damit vermischen und etwa 1 Stunde zugedeckt im Kühlschrank ziehen lassen. Die Fleischwürfel dicht auf 8 Spieße stecken. Auf dem Grill oder in einer Pfanne etwa 15 Minuten garen, dabei wiederholt wenden.

An den Ursprung des Gerichts erinnert nur noch der Kreuzkümmel, den schon die Mauren geschätzt haben. Ursprünglich wurde es mit Lammfleisch zubereitet, heute verwendet man dafür jedoch in der Regel Schweinefleisch.

lomo con calabacines
schweinelende mit zucchini

1 Zwiebel
400 g möglichst kleine Zucchini
500 g Schweinelende
2 EL Olivenöl
Salz
frisch gemahlener schwarzer Pfeffer
2 Fleischtomaten
1 Prise scharfes Paprikapulver

Die Zwiebel schälen und fein hacken. Zucchini putzen und in ca. 1 Zentimeter große Stücke schneiden. Das Fleisch 1 1/2 Zentimeter groß würfeln. Olivenöl in einem Topf erhitzen und die Fleischwürfel portionsweise kräftig darin anbraten. Salzen, pfeffern, herausnehmen und beiseite stellen. Zwiebel und Zucchini in dem verbliebenen Öl 5 Minuten dünsten. Die Tomaten blanchieren, häuten, in grobe Stücke schneiden und untermischen. Kräftig mit Salz, Pfeffer, Paprika würzen. Das Fleisch dazugeben und alles zugedeckt bei mittlerer Hitze 20–25 Minuten schmoren.

Ergibt 4–6 Portionen
Lässt sich gut aufwärmen und auch einfrieren.

chorizo con champiñones
chorizos mit champignons

400 g Chorizos
2 EL Olivenöl
500 g Champignons
2 Knoblauchzehen
Salz
frisch gemahlener schwarzer Pfeffer
100 ml trockener Sherry
1 EL Sherryessig
1 Bund glatte Petersilie

Die Chorizos in Scheiben schneiden. Das Olivenöl in einer breiten Pfanne erhitzen und die Wurst darin anbraten, herausnehmen und beiseite stellen. Die Champignons putzen und je nach Größe ganz belassen, halbieren oder vierteln. 5 Minuten in dem verbliebenen Öl anbraten. Den Knoblauch schälen und darüber pressen. Mit Salz und Pfeffer würzen. Mit Sherry und Sherryessig ablöschen. Zugedeckt 10 Minuten bei mittlerer Hitze schmoren, nach 5 Minuten die Chorizos wieder dazugeben.
Die Petersilie abbrausen, die Blättchen abzupfen, fein hacken und vor dem Servieren untermischen.

chorizo

Chorizo nennt man in Spanien eine rote, luftgetrocknete Paprikawurst, von der jede Region eine andere Variante kennt. Grundsätzlich besteht Chorizo aus eingesalzenem Schweinefleisch, Schweinefilet, Knoblauch sowie Paprikapulver. In Pamplona enthält die Wurst Rindfleisch und besonders viel Paprika, in Salamanca fügt man der Wurstmasse etwas Sherry zu. In dieser oder in jener Variante, gegrillt oder einfach aufgeschnitten, ist Chorizo eine beliebte Tapa.

ciruelas con tocino
speckpflaumen

1 Zwiebel
1 Knoblauchzehe
2 mittelgroße rote Paprikaschoten
2 EL Olivenöl
150 ml Fleischbrühe
2 EL Tomatenmark
Salz
frisch gemahlener schwarzer Pfeffer
1 TL mildes Paprikapulver
1 Msp. Cayennepfeffer
400 g entsteinte Kurpflaumen
250 g Räucherspeck (in dünnen Scheiben)
Zahnstocher

Die Zwiebel und den Knoblauch schälen, fein hacken. Die Paprikaschoten längs halbieren, von Samen sowie Scheidewänden befreien, waschen und klein würfeln.
Das Olivenöl in einer Kasserolle erhitzen und Zwiebel sowie Knoblauch darin andünsten. Paprika zugeben und kurz mitschwitzen. Die Fleischbrühe angießen und alles bei geringer Hitze 10 Minuten dünsten.
Das Tomatenmark in die Sauce einrühren, mit Salz, Pfeffer, Paprika und Cayennepfeffer würzen. Die Sauce mit dem Mixstab fein pürieren und abkühlen lassen.
Den Backofen auf 250 °C vorheizen. Die Pflaumen mit den Speckscheiben umwickeln und mit Zahnstochern feststecken. Auf ein Backblech legen.
Im Backofen (mittlere Schiene) ca. 10 Minuten knusprig braten, herausnehmen. Sofort mit der Sauce servieren.

Ergibt 4–6 Portionen
Anstelle von Pflaumen kann man auch Datteln verwenden.

Fleischröllchen mit Paprikasauce
Rezept S. 81

Chorizos mit Champignons
Rezept S. 75

Kalbsbällchen
in Safransauce
Rezept S. 82

albondigas con salsa de alcachofas
fleischbällchen mit artischockensauce

400 g Artischockenherzen (aus der Dose)
2 kleine Zwiebeln
1 Knoblauchzehe
6 EL Olivenöl
100 ml Gemüsebrühe
Salz
frisch gemahlener schwarzer Pfeffer
1 EL Zitronensaft
600 g Hackfleisch
(halb Rind, halb Schwein)
2 Eier
4 EL Semmelbrösel
3 EL Pinienkerne
1 Prise scharfes Paprikapulver
1 Prise Kreuzkümmel

Die Artischockenherzen in einem Sieb gut abtropfen lassen. Die Zwiebeln und den Knoblauch schälen und fein hacken. 1 Zwiebel in 1 Esslöffel Olivenöl anschwitzen. Die Artischockenherzen in grobe Stücke schneiden und mit der Gemüsebrühe dazugeben. Zugedeckt 10 Minuten köcheln lassen und mit dem Mixstab pürieren. Die Sauce mit Salz, Pfeffer und Zitronensaft würzen, abkühlen lassen.
Die restliche Zwiebel mit dem Knoblauch in 1 Esslöffel Olivenöl anschwitzen. In einer Schüssel sorgfältig mit Hackfleisch, Eiern, Semmelbröseln und Pinienkernen mischen. Kräftig mit Salz, Pfeffer, Paprika und Kreuzkümmel würzen.
Aus der Masse etwa 20 walnussgroße Bällchen formen. In einer großen Pfanne das restliche Olivenöl erhitzen und die Bällchen bei mittlerer Hitze rundherum darin braten. Kalt oder warm mit der Artischockensauce servieren.

Ergibt 4–6 Portionen

albondigas casera
fleischbällchen nach hausfrauenart

1 große Zwiebel
600 g Fleischtomaten
6 EL Olivenöl
1 Lorbeerblatt
600 g Hackfleisch,
(halb Rind, halb Schwein)
2 Knoblauchzehen
1 Bund glatte Petersilie
2 Eier
3 EL Paniermehl
Salz
frisch gemahlener schwarzer Pfeffer
1 Prise scharfes Paprikapulver

Die Zwiebel schälen und fein hacken. Die Tomaten blanchieren, häuten, quer halbieren, entkernen und klein würfeln. 2 Esslöffel Olivenöl in einem Topf erhitzen und die Zwiebel darin anschwitzen. Die Tomaten in den Topf geben, das Lorbeerblatt einlegen und alles zugedeckt 20 Minuten köcheln lassen.
Das Hackfleisch in eine Schüssel füllen. Knoblauch schälen und dazupressen. Petersilie abbrausen, die Blättchen abzupfen, fein hacken und die Hälfte davon mit Eiern und Paniermehl untermischen, kräftig mit Salz, Pfeffer und Paprika würzen. Aus dem Fleischteig mit angefeuchteten Händen etwa 20 walnussgroße Bällchen formen.
In einer großen Pfanne das restliche Olivenöl erhitzen und die Bällchen darin bei mittlerer Hitze 5 Minuten rundherum braten. Die Sauce kräftig mit Salz, Pfeffer und Paprikapulver würzen. Die Hackfleischbällchen in der Tomatensauce weitere 10 Minuten bei geringer Hitze ziehen lassen. Vor dem Servieren mit der restlichen Petersilie bestreuen.

Ergibt 4–6 Portionen
Albondigas fehlen in keiner Tapa-Bar.

rollitos de buey con serrano
gefüllte rindsröllchen mit serrano-schinken

- 1/2 Bund glatte Petersilie
- 2 Knoblauchzehen
- 100 g Serrano-Schinken (in dickeren Scheiben)
- 2 EL Pinienkerne
- 3 EL Olivenöl
- 1 Eigelb
- Salz
- frisch gemahlener schwarzer Pfeffer
- 4 dünne Scheiben Rinderlende (von je ca. 100 g)
- 8 Zahnstocher
- 200 ml Rotwein
- 1 TL Oregano

Die Petersilie abbrausen und die Blättchen abzupfen. Den Knoblauch schälen und den Serrano-Schinken würfeln. Petersilie, Knoblauch, Schinken, Pinienkerne und 1 Esslöffel Olivenöl im Mixer pürieren. Das Eigelb untermischen, die Masse mit Salz und Pfeffer würzen. Die Fleischscheiben einmal durchschneiden und auf eine Arbeitsfläche legen. Die Füllung gleichmäßig auf den Scheiben verteilen und das Fleisch aufrollen. Die Röllchen mit Zahnstochern zusammenstecken. Das restliche Olivenöl in einer großen Pfanne erhitzen und die Fleischröllchen darin rundherum kräftig anbraten, salzen und pfeffern. Den Rotwein angießen, den Oregano einstreuen und die Röllchen zugedeckt bei geringer Hitze 45 Minuten schmoren.

filete al amontillado
filets in amontillado-sauce

- 1 kleine Zwiebel
- 2 Filetsteaks vom Rind (je etwa 200 g)
- 2 EL Olivenöl
- Salz
- frisch gemahlener schwarzer Pfeffer
- 200 ml Amontillado
- 150 g Crème fraîche
- 1 Prise gemahlener Zimt
- 1 Prise gemahlener Kreuzkümmel

Die Zwiebel schälen und fein hacken. Die Filetsteaks in schmale Streifen schneiden. Das Olivenöl in einer breiten Pfanne erhitzen und die Fleischstreifen 3 Minuten kräftig darin anbraten, salzen und pfeffern. Herausnehmen und warm stellen. Die Zwiebel in dem verbliebenen Olivenöl anschwitzen. Mit dem Amontillado ablöschen, Crème fraîche unterrühren und die Sauce um etwa ein Drittel reduzieren. Mit Salz, Pfeffer, Zimt und Kreuzkümmel würzen. Das Fleisch wieder in die Sauce einlegen und ca. 5 Minuten darin erwärmen.

Ergibt 4–6 Portionen

rollitos en salsa de pimientos
fleischröllchen in paprikasauce

3 rote Paprikaschoten
1 kleine Zwiebel
1 Knoblauchzehe
4 EL Olivenöl
200 g Blattspinat
Salz
frisch gemahlener schwarzer Pfeffer
1 Prise geriebene Muskatnuss
4 dünne Rinderrouladen (je etwa 100 g)
12 Zahnstocher
1 frische rote Chilischote

Ergibt 4–6 Portionen

Den Backofen auf 250 °C vorheizen. Paprikaschoten längs halbieren, von Samen sowie Scheidewänden befreien und waschen. Mit der Hautseite nach oben auf den Backofenrost legen (mittlere Schiene). Garen, bis die Haut dunkelbraun wird und Blasen wirft; das dauert etwa 20 Minuten, bei eingeschaltetem Grill 10 Minuten. Abkühlen lassen und häuten.
Inzwischen Zwiebel sowie Knoblauch schälen und fein hacken. 1 Esslöffel Olivenöl in einem Topf erhitzen, Zwiebel und Knoblauch darin anschwitzen.
Den Spinat putzen, waschen, dazugeben und zusammenfallen lassen. Mit Salz, Pfeffer und Muskat würzen, herausnehmen und sorgfältig ausdrücken.
Das Fleisch auf einer Arbeitsfläche ausbreiten.
Jede Scheibe quer in 3 gleiche Teile schneiden, salzen und pfeffern. Den Spinat anteilig darauf verteilen, zusammenrollen und mit Zahnstochern zustecken.
2 Esslöffel Olivenöl in einer Pfanne erhitzen und die Röllchen rundherum darin anbraten. Dann weitere 30 Minuten zugedeckt garen.
Die Chilischote halbieren, von den Kernen befreien und ausspülen. Mit den gehäuteten Paprika im Mixer pürieren. Das restliche Olivenöl unterrühren, salzen und pfeffern. Die Fleischröllchen warm oder kalt mit der Sauce anrichten.

albondigas de ternera en salsa de azafran
kalbsbällchen in safransauce

2 Scheiben Baguette (ca. 2 cm dick)
1 mittelgroße Zwiebel
6 EL Olivenöl
1 kleine Möhre
3 g gemahlener Safran
2 EL gemahlene Mandeln
100 ml trockener Sherry
200 ml Fleischbrühe
100 g Crème fraîche
Salz
frisch gemahlener weißer Pfeffer
2 dünne Scheiben Räucherspeck
2 Knoblauchzehen
500 g Hackfleisch vom Kalb
1 Ei
Mehl zum Wenden
1 TL Zitronensaft

Die Baguettescheiben knapp mit Wasser bedecken.
Die Zwiebel schälen und fein hacken. 1 Esslöffel Olivenöl in einer Pfanne erhitzen und die Zwiebel darin anschwitzen. Die Möhre schälen, dazuraspeln und kurz mitdünsten. Den Safran und die Mandeln untermischen. Sherry und Fleischbrühe dazugießen und aufkochen. Crème fraîche unterrühren, mit Salz und Pfeffer würzen. Die Sauce bei geringer Hitze reduzieren.
Den Speck klein würfeln. In einer zweiten Pfanne 1 Esslöffel Olivenöl erhitzen und den Speck bei geringer Hitze darin anbraten. Den Knoblauch schälen, dazupressen und kurz mitdünsten. Das Hackfleisch in eine Schüssel geben. Das eingeweichte Weißbrot gut ausgedrückt mit der Speck-Knoblauch-Mischung und dem Ei dazugeben. Kräftig salzen, pfeffern und alles zu einem glatten Fleischteig verkneten.
Mit angefeuchteten Händen etwa 20 Bällchen formen, in Mehl wenden und im restlichen Olivenöl bei mittlerer Hitze goldbraun braten. Die Safransauce mit Salz, Pfeffer und Zitronensaft würzen, die Fleischbällchen darin 5 Minuten ziehen lassen.

Ergibt 4–6 Portionen

rollitos de ternero rellenos
gefüllte kalbsröllchen

100 g Manchego
100 g Serrano-Schinken
4 dünne Kalbsschnitzel (von je 100 g)
Salz
frisch gemahlener Pfeffer
2 Knoblauchzehen
8 Zahnstocher
3 EL Olivenöl
6 cl trockener Sherry

Den Käse und den Schinken in schmale, etwa 3 Zentimeter lange Streifen schneiden. Die Kalbsschnitzel jeweils einmal halbieren, beidseitig salzen und pfeffern. Den Knoblauch schälen, durchpressen und die Fleischscheiben dünn damit bestreichen.
Die Käse- und die Schinkenstreifen zu gleichen Teilen auf dem Fleisch verteilen, aufrollen und jeweils mit Zahnstochern feststecken. Die Röllchen in heißem Olivenöl 6–8 Minuten rundherum braten. Mit dem Sherry ablöschen und zugedeckt bei geringer Hitze 10 Minuten ziehen lassen.

Ergibt 4–6 Portionen

estofado de ternera con granadas
kalbfleisch in granatapfelsauce

3 reife Granatäpfel
1 kleine Zwiebel
500 g Kalbsfilet
3 EL Olivenöl
Salz
frisch gemahlener schwarzer Pfeffer
3 EL gehackte Mandeln
1 EL Zitronensaft

Ergibt 4–6 Portionen

Der Granatapfel gilt als Fruchtbarkeitssymbol und ist das Wahrzeichen von Granada. Die Keramik, die traditionell in dieser Gegend hergestellt wird, erkennt man an den Farben Weiß, Blau, Grün und an dem Granatapfel, der z.B. Schüsseln und Krüge ziert.

Die Granatäpfel halbieren, ca. 4 Esslöffel der Kerne herauslösen und zum Garnieren beiseite legen.
Die Früchte mit der Saftpresse auspressen.
Zwiebel schälen und sehr fein hacken.
Das Kalbfleisch in ca. 1 1/2 Zentimeter große Würfel schneiden. Olivenöl in einer Pfanne erhitzen und die Fleischwürfel darin rundherum etwa 5 Minuten braten. Mit Salz und Pfeffer würzen, herausnehmen und beiseite stellen.
In dem verbliebenen Öl die Zwiebel anschwitzen. Die Filetwürfel dazugeben und die Mandeln untermischen. Den Granatapfelsaft angießen und das Fleisch 15 Minuten zugedeckt bei geringer Hitze garen. Die Sauce mit Salz, Pfeffer und Zitronensaft würzen. Vor dem Servieren die restlichen Granatapfelkerne einstreuen.

riñones al jerez
nierchen in sherry

500 g Kalbsnieren
etwas Milch zum Einlegen
1 Zwiebel
1 Knoblauchzehe
2 EL Olivenöl
200 ml trockener Sherry
1 Lorbeerblatt
Salz
frisch gemahlener schwarzer Pfeffer

Ergibt 4–6 Portionen

Die Kalbsnieren längs halbieren und die weißen Stränge herausschneiden. Abspülen, in einer Schüssel mit Milch bedecken und mindestens 30 Minuten ziehen lassen. Inzwischen die Zwiebel schälen und fein hacken. Den Knoblauch ebenfalls schälen. Kalbsnieren aus der Milch nehmen, mit Küchenpapier trockentupfen und in schmale Scheiben schneiden. Das Olivenöl in einer Pfanne erhitzen und die Nieren portionsweise kräftig darin anbraten, herausnehmen und beiseite stellen. In dem verbliebenen Öl die Zwiebel anschwitzen und den Knoblauch dazupressen. Mit Sherry ablöschen, das Lorbeerblatt einlegen und die Sauce etwa 3 Minuten köcheln lassen. Die Nierchen salzen, pfeffern und samt dem ausgetretenen Saft in der Sauce weitere 3 Minuten erwärmen. Sofort servieren.

pinchitos de cordero
lammspießchen

3 Knoblauchzehen
3 EL Zitronensaft
4 EL Olivenöl
Salz
frisch gemahlener Pfeffer
1 Prise Kreuzkümmel
600 g Lammfilet
8 Schaschlikspieße
1 TL gehackter Rosmarin
1 TL gehackter Oregano
1 TL gehackter Thymian

Den Knoblauch schälen und in eine große Schüssel pressen. Den Zitronensaft und 2 Esslöffel Olivenöl dazugießen. Mit Salz, Pfeffer sowie Kreuzkümmel verrühren. Das Fleisch kalt abspülen, mit Küchenpapier trockentupfen und in 2 Zentimeter große Würfel schneiden. Die Fleischwürfel mit der Marinade vermischen und zugedeckt im Kühlschrank mindestens 2 Stunden ziehen lassen. Das Lammfleisch auf 8 Schaschlikspieße stecken und 10 Minuten in dem restlichen Olivenöl anbraten oder auf dem Grill garen. Rosmarin, Oregano und Thymian in einer kleinen Schüssel mischen und vor dem Servieren über die Spieße streuen.

conejo a la cazadora
kaninchen auf jägerart

1 Kaninchenrücken
Salz
frisch gemahlener schwarzer Pfeffer
250 g Champignons
2 Knoblauchzehen
1 Zwiebel
2 kleinere Möhren
2 Fleischtomaten
3 EL Olivenöl
1/4 l trockener Weißwein
1 Thymianzweig
1 Lorbeerblatt

Den Kaninchenrücken kurz abspülen, mit Küchenpapier trockentupfen, in Portionsstücke zerteilen, salzen und pfeffern. Die Champignons putzen, abbrausen und je nach Größe halbieren oder vierteln. Den Knoblauch sowie die Zwiebel schälen und fein hacken. Die Möhren schälen und klein würfeln.
Die Tomaten blanchieren, häuten und in grobe Stücke schneiden.
Das Olivenöl in einer großen Pfanne erhitzen, die Kaninchenteile darin kräftig anbraten und herausnehmen. In dem verbliebenen Öl Zwiebel, Knoblauch und Möhren kurz anschwitzen. Die Champignons zufügen und 5 Minuten braten, dann die Tomaten untermischen. Mit Salz und Pfeffer würzen, mit dem Weißwein ablöschen und erneut erhitzen.
Die Kaninchenstücke einlegen. Thymianzweig und Lorbeerblatt dazugeben und das Fleisch zugedeckt schmoren, bis es sich leicht von den Knochen löst; das dauert etwa 25 Minuten. Vor dem Servieren Thymian und Lorbeerblatt entfernen.

Ergibt 4–6 Portionen

glossar

ACEITE: Olivenöl. Spanien gehört zu den führenden Produktionsländern. Das „aceite de oliva virgen extra“ gehört zu den besten Olivenölen der Welt. Die Spanier verwenden es für fast alle Gerichte, zum Marinieren, Braten, Dünsten und Frittieren.

ACEITUNA: Olive. Spanien ist das führende Anbauland weltweit. Es produziert etwa 60 verschiedene Sorten.

ADOBO: Eingelegt. Gemüse, Fleisch, Fisch und Meeresfrüchte werden eingelegt, um sie haltbar zu machen und zusätzlich zu aromatisieren.

AJO: Knoblauch. Verleiht vielen Gerichten sein charakteristisches Aroma, unter anderem verschiedenen Würstchen, Saucen und Pasten, besonders berühmt ist die Aioli (Knoblauchmayonnaise).

ALBONDIGA: Hackbällchen. Werden aus Fleisch, Fisch oder Geflügel zubereitet und als Tapa meist in einer pikanten Sauce gereicht.

ALCACHOFA: Artischocke. Die kleinen, jungen sind besonders beliebt. Artischockenherzen eignen sich, auch als Konserve, sehr gut für Salat.

ALCAPARRA: Kaper. Sie wird in Spanien angebaut und in Essig-Salz-Lake eingelegt. Schmeckt sehr würzig in Saucen und zu Fisch.

ALMEJA: Venusmuschel. Wird hauptsächlich in den galizischen, kilometerweit in das Landesinnere reichenden Buchten der Rías Bajas gezüchtet. Am liebsten essen die Spanier sie in Weißweinsauce.

ALMENDRA: Mandel. Der Mandelbaum wurde von den Mauren nach Spanien gebracht und wächst hauptsächlich im Süden des Landes. Die vielfältigen typischen Verwendungsarten für den Samen des Mandelbaums reichen von süß bis herzhaft.

AMONTILLADO: Sherrytyp, der nur selten trocken, meistens halbtrocken angeboten wird. Er ist bernsteinfarben und vollmundig im Geschmack.

ARROZ: Reis. Er kommt vor allem aus den Regionen Levante und Murcia. Die Spanier bevorzugen Rundkornsorten, die besonders saugfähig sind und das Aroma der übrigen Zutaten des jeweiligen Gerichts gut aufnehmen. In Spezialgeschäften erhältlich.

AZAFRAN: Safran, das teuerste Gewürz der Welt, wird aus den Blütennarben einer Krokuspflanze gewonnen. Er ist gemahlen oder als Fäden in Döschen, Briefchen oder Gläsern erhältlich. Safran verleiht u.a. Paella eine satte gelbe Farbe und ein feines Aroma.

BERENJENA: Aubergine. Zu Deutsch Eierfrucht. Sie ist aus der spanischen wie aus allen mediterranen Küchen nicht wegzudenken. Unerwünschte Bitterstoffe entzieht man ihr mit Hilfe von Salz.

BOQUERON: Sardelle oder Anchovi. Wird in Spanien gerne mariniert oder frittiert, aber auch gegrillt gegessen. Sie wird frisch oder als Konserve, in Öl, Salz oder Salzlake eingelegt, angeboten.

CERDO: Schwein. Fleisch vom Schwein ist Hauptzutat vieler Gerichte aus allen Regionen Spaniens. Besonders wichtige spanische Erzeugnisse aus Schweinefleisch sind der andalusische Schinken „jamón de Jabugo“, die Paprikawurst „chorizo“ und die Blutwurst „morcilla“.

CHORIZO: Paprikawurst. Die berühmteste spanische Wurst. Jede Gegend kennt ihre eigene Variante. Hauptbestandteile sind neben Schweinefleisch meist Speck, Paprika, Knoblauch und Oregano. Chorizos werden je nach Sorte roh, gegrillt, gebraten oder in Eintöpfen gekocht verzehrt.

CODORNIZ: Wachtel. Kommt in Spanien in vielen Zubereitungsformen auf den Tisch. Beliebt sind z. B. Schenkel und Brüste gebraten.

CONEJO: Kaninchen. Wird in der spanischen Küche u. a. für Schmorgerichte verwendet, die man in kleinen Portionen auch als Tapas reicht.

CORDERO: Lamm. Hauptzutat verschiedener herzhafter Gerichte. In Zentralspanien z. B. werden Milchlämmer gerne im Ganzen gebraten. In kleinen Portionen wird das Lammfleisch auch als Tapa serviert.

ESPINACAS: Spinat. Er wird meist als Gemüse zubereitet, typisch spanisch ist eine Kombination mit Rosinen und Pinienkernen.

ESTOFADO: Ragout. Ein Schmorgericht, das z. B. aus Kalb- oder Schweinefleisch zubereitet werden kann.

FINO: Ein trockener Sherry mit einem leichten, zarten Aroma und einer hellgelben Farbe. Der typische Begleiter zu Tapas.

FRITO: Frittiert. In Fett ausgebacken. Meistens wird dazu Olivenöl verwendet.

GAMBA: Garnele, Crevette. Gehört in vielen Zubereitungsformen zu den beliebtesten Tapas überhaupt.

GARBANZO: Kichererbse. Ist in Eintöpfen, Ragouts oder als Salat sehr beliebt. Eine Hauptzutat der kastilischen Küche.

GRANADA: Granatapfel. Wegen seiner vielen Kerne von alters her ein Fruchtbarkeitssymbol. Die herben Körner, das säuerliche Fleisch oder der ausgepresste Saft verleihen Gerichten ein orientalisches Aroma.

JAMON: Schinken. Die bekanntesten spanischen Erzeugnisse sind luftgetrocknete Bergschinken, die unter dem Oberbegriff „jamón de Serrano“ gehandelt werden, besonders berühmt ist der „der jamón de Jabugo“.

JEREZ: Die Stadt in Andalusien ist das Zentrum der Sherry-Herstellung. In Spanien heißt Sherry „vino de Jerez“ oder einfach „jerez“. Die Bezeichnung „Sherry“ ist die anglisierte Form dieses Namens.

JUDIA: Bohne. In der spanischen Küche werden frische, vor allem aber getrocknete Bohnen in verschiedenen Größen und Farben verwendet.

LAUREL: Lorbeer. Das Blatt eines immergrünen Strauchs verleiht Gerichten ein charakteristisches herbes Aroma.

LIMON: Zitrone. Die Mauren brachten den Zitronenbaum nach Spanien. Die Frucht wird vorwiegend in den Regionen Valencia, Murcia und Andalusien angebaut und ist heute für die Regionalküchen des Landes unverzichtbar.

LOMO: Schweinelende oder Schweinefilet. Der Begriff wird mit entsprechenden Zusätzen spezifiziert. „lomo embuchado“ z.B. ist mit Gewürzen und Kräutern mariniertes und im Darm getrocknetes Schweinefilet.

MANCHEGO: Hartkäse von Schafmilch aus der berühmten Region La Mancha in Kastilien. Der bekannteste Käse Spaniens hat ein leicht säuerliches, frisches Aroma.

MANZANILLA: Eine spezielle, meist trockene Art des Fino aus Sanlúcar de Barrameda. Der Sherry hat ein nussiges, leicht salziges Aroma.

MARISCOS: Meeresfrüchte. Sie sind vor allem im Norden des Landes ein wichtiger Bestandteil der Küche. Die Provinz Galizien ist weltweit führend in der Zucht von Miesmuscheln, aber auch Austern, Venus- und Jakobsmuscheln werden dort geerntet.

MERLUZA: Seehecht. Wird für viele Gerichte verwendet, vor allem seine Kiemenbacken gelten in Spanien als Delikatesse.

NARANJA: Orange. Als Bitterorange brachten die Mauren sie mit nach Spanien. Seit dem 18. Jhd. kultivieren die Spanier sie als Süßorange. Sie wird hauptsächlich in den Gegenden um Valencia und Sevilla angebaut.

OLOROSO: Ein spezieller Typ von Sherry. Von trocken bis leicht süß, voll und kräftig im Aroma und von dunkelbrauner Farbe.

PASA: Rosine. In Spanien sind vor allem die aus Málaga stammenden getrockneten Trauben sehr berühmt.

PATATA: Kartoffel. Sie werden gerne gebraten oder als „tortilla de patatas“ bzw. „tortilla española“ gegessen.

PATO:	Ente. Entenbrustfilets, aber auch Schmorgerichte von Entenfleisch werden in kleinen Portionen als Tapas gereicht.
PAVO:	Puter. Etwa aus Putenschnitzel oder Putenleber lassen sich köstliche Tapas zubereiten.
PESCADO:	Fisch. In dem von Mittelmeer und Atlantik umgebenen Land ein unverzichtbares Nahrungsmittel. Die Regionalküchen drücken der Fischküche jeweils sehr unterschiedliche Stempel auf. Vor allem gegrillter Fisch wird zu reizvollen Tapas verarbeitet.
PIMIENTO:	Gemüsepaprika. Spielt in den Küchen Spaniens von mild bis scharf eine herausragende Rolle. Im Land werden einige Sorten gezüchtet, die bei uns gänzlich unbekannt sind. Paprikapulver wird aus getrockneten, gemahlenen Paprikaschoten hergestellt und von mild bis sehr scharf angeboten. Es findet in der spanischen Küche häufig Verwendung.
PINCHO:	Spieß. Viele Tapas werden auf Zahnstochern oder Schaschlikspießen zubereitet. Häufig wird eine pikante Sauce dazugereicht.
PINON:	Pinienkern. Die geschälten, getrockneten Ölsamen aus jungen Pinienzapfen verleihen vielen Gerichten ein süß-herbes Aroma.
PLANCHA:	Grillplatte. Eine beliebte Zubereitungsform für Fisch und Fleisch ist „a la plancha“, d. h. gegrillt und lediglich mit Zitronensaft, Salz und Pfeffer gewürzt.
POLLO:	Huhn/Hähnchen. Typische Tapas, die mit Hühnchen- bzw. Hähnchenfleisch zubereitet werden, sind Fleischspießchen und in kleinen Portionen servierte Schmorgerichte.
QUESO:	Käse. Neben dem international bekannten Manchego gilt es rund 100 spanische Käsespezialitäten aus Schaf-, Kuh- und Ziegenmilch zu entdecken. Käse wird in Spanien unter anderem in Würfel geschnitten zum Aperitif gereicht.
RAPE:	Seeteufel. Sein weißes, festes und grätenfreies Fleisch läßt sich mariniert und/oder gebraten zu delikaten Tapas verarbeiten.
RELLENO:	Gefüllt. Derart zubereitet werden vor allem Tomaten, Champignons, Tintenfische und Fleischscheiben.
RINON:	Niere. In Spanien werden Nieren vom Kalb, Schwein oder Lamm meist mariniert und gebraten. Besonders beliebt sind sie in Sherrysauce.
SALMON:	Lachs. Das fettreiche, rosafarbene Fleisch wilder wie gezüchteter Lachse kann roh oder geräuchert zubereitet werden. Je heller seine Farbe, desto intensiver ist sein Aroma.
SARDINA:	Sardine. Der kleine Heringsfisch ist marniert, gegrillt oder gefüllt in ganz Spanien eine sehr beliebte Tapa.
TERNERA:	Kalb. Das hochwertige, zarte Fleisch von Rindern des 1. Lebensjahrs wird mit anderen edlen Zutaten in delikate Tapas verwandelt.
TOCINO:	Speck. Vor allem Räucherspeck, fetter Rückenspeck vom Schwein, der gepökelt und geräuchert wurde, verleiht vielen Tapas Saftigkeit und Aroma.
TOMATE:	Tomate. Eine unverzichtbare Grundzutat der mediterranen Küchen. In Spanien verleiht das Aroma der sonnengereiften Nachtschattengewächse u. a. zahllosen Salaten und warmen Tapas ihren Reiz. Gefüllt kommen sie besonders gut zur Geltung.
TORTILLA:	Omelett. Als „tortilla de patatas“ oder „tortilla española“ wird Tortilla mit Kartoffeln zubereitet. Nur mit gestockten Eiern gebraten, wird sie mit den verschiedensten Zutaten gefüllt.
VIEIRA:	Jakobsmuschel. Eine große Kammmuschel aus dem Meer mit weißem zartem Muskelfleisch (Nüsschen) und einem orangefarbenen delikaten Rogensack (Corail). Die Muschelschale ist das Erkennungszeichen der Pilger auf ihrer Reise zum spanischen Wallfahrtsort Santiago de Compostela.
VINAGRE:	Essig. Beliebt und berühmt ist Sherryessig, der einen hohen Säuregehalt hat und sparsam zu verwenden ist. Bei uns ist er in Feinkostläden oder gut sortierten Supermärkten erhältlich. Oft wird in Spanien anstelle dessen einfach Rotweinessig benutzt.
VINO:	Wein. Die bekanntesten Weine Spaniens sind Rioja und Vino de Jerez. Eine weitere spanische Spezialität ist der Málaga, der aus auf Strohmatten getrockneten Trauben hergestellt wird und süß oder trocken sein kann.

register

gemüse

fisch & meeresfrüchte

fleisch